KB253670

데이비드 흄

인간 본성에 관한 논고

시대의 절대사상

데이비드 흄

인간 본성에 관한 논고

|이준호|흄|

살림

*e*시대의 절대사상을 펴내며

고전을 읽고, 고전을 이해한다는 것은 비로소 교양인이 되었다는 뜻일 것입니다. 또한 수십세기를 거쳐 형성되어 온 인류의 지적 유산을 제대로 이해하고, 그 바탕 위에서 새로운 자기만의 일을 개척할 때, 그 사람은 그 방면의 전문가가 될 수 있을 것입니다. 프랑스의 대입제도 바칼로레아에서 고전을 중요하게 취급하는 까닭도 그와 같은 이유 때문이겠지요.

그러나 예전에도, 현재에도 고전은 유령처럼 우리 주위를 떠돌기만 했습니다. 막상 고전이라는 텍스트를 펼치면 방대한 분량과 난해한 용어들로 인해 그 내용을 향유하지 못하고 항상 마음의 부담만 갖게 됩니다. 게다가 지금 우리는 고전을 읽기에 더 악화된 시대를 살고 있습니다. 변하지 않고 있는 교육제도와 새 미디어의 홍수가 우리를 그렇게 만들고 있는 것입니다.

고전을 읽어야 하지만 읽기 힘든 것이 현실이라면, 고전에 친근하게 다가갈 수 있는 새로운 방법을 응당 고민해야 하지 않을까요? 살림출판사의 *e*시대의 절대사상은 이러한 문제의식을 가지고 기획되었습니다. 고전에 대한 지나친 경외심을 버리고, '아무도 읽지 않는 게 고전'이라는 자조를 함께 버리면서 지금 이 시대에 맞는 현대적 감각의 고전을 만들고자 했습니다.

　고전의 내용이 지나치게 주관적으로 해석되어 전달되는 위험을 피할 수 있도록 그 분야에 대해 가장 정통하면서도 오랜 연구 업적을 쌓은 학자들이 자신의 경험을 응축시켜 새로운 고전으로의 길을 열고자 했습니다. 마치 한 편의 잘 짜인 다큐멘터리 프로그램을 보듯 고전이 탄생할 수 있었던 시대적 배경과 작가의 주변 환경, 그리고 고전에 담긴 지혜를 재미있게 습득할 수 있도록 내용을 구성했고, 난해한 전문용어나 개념어들은 최대한 알기 쉽게 설명했습니다.

　이전에 경험하지 못했던 새로운 감각의 고전 *e*시대의 절대사상은 지적 욕구로 가득 찬 대학생·대학원생들과 교사들, 학창시절 깊이 있고 폭넓은 교양을 착실하게 쌓고자 하는 청소년들, 그리고 이 시대의 리더를 꿈꾸는 모든 사람들에게 생생하게 살아 숨쉬는 인류 최고의 지혜를 전달할 것이라고 확신합니다.

기획위원

서강대학교 철학과 교수　강영안

이화여자대학교 중문과 교수　정재서

들어가는 글

유럽에서는 오래 전부터 유럽의 근대성에 대한 비판이 시작되어, 이성의 권력화·계몽의 신화화 등을 근대성이라고 단정하고, 근대성을 탈피하기 위해 탈근대·반근대를 부르짖고 있다. 그러나 이성의 권력화·계몽의 신화화에 대한 비판은 근대 초기에도 진행되고 있었다. 근대 유럽은 과학적 성과에 힘입어 이성에 대한 무한한 신뢰를 바탕으로 계몽의 시대를 열었다. 그러나 이성의 한계에 대한 자각이 없다면, 이성을 통한 계몽은 다시금 이성의 몽상으로 회귀할 수밖에 없다.

흄의 철학은 참된 계몽을 위해 이성의 한계에 대한 비판적 검토가 필요하다는 데에서 비롯된다. 이성의 한계에 대한 비판적 검토는 흄 자신의 인간관·사회관·종교관 및 자연과 인간의 관계를 해명하기 위한 터닦기 작업일 수도 있다. 흄에게 있어서 인간은 영원불멸의 영혼 또는 정신을 지닌 존재가 아니므로, 자아의 정체성 또는 동일성 문제도 새롭게 논의되어야 한다. 개인은 욕망을 지닌 자연적 존재이면서 동시에 시민 사회의 구성원으로서 권리와 책임의 주체로 재조명되어야 한다. 또 인간은 자연의 지배자가 아니라 인간 그 자신이 자연의 일부이다. 흄은 인간과 동물을 구별하는 중요한 기준인 이성을 동물도 지니고 있다고 논변함으로써 자연과 인간의 관계마저 새롭게 설정한다.

인간이 자연의 일부라면, 인간 또한 자연 과학의 방법으로 이해할 필요가 있다. 흄이 자연 과학의 방법을 전적으로 신뢰한 것은 아니다. 그러나 그 방법은 자연적 존재에 대해 접근할 수 있는 유일한 길이며, 인간으로서는 그 방법의 한계를 알면서도 매달릴 수밖에 없다는 것이다. 흄은 과학적 방법으로 인간의 본성을 파악함으로써 이것을 토대로 그밖의 문제들을 논의한다.

장기 이식을 둘러싼 문제는 여전히 논란 거리다. 이론적으로는 1970년대에 이미 머리(whole head) 이식의 이론적 가능성이 제기되기도 했다. 이때 머리를 이식받은 사람의 정체성과 동일성을 어떻게 규정할 것인가? 왜 신장이나 간 등 다른 장기를 이식받은 경우에는 전혀 논란이 없는데 머리를 이식받은 경우에는 정체성과 동일성이 문제될까?

　얼마 전부터 집단 이기주의나 지역 이기주의 또는 님비 현상 등의 말을 심심찮게 들을 수 있는데, 과연 그런 성향을 비난만 할 것인가? 과거 절대군주의 권위를 가졌던 통치권자와 관료들이라면 개인이나 소수집단을 힘으로 억누를 수 있고, 실제로 그렇게 억압했다. 전체를 위한 개인 또는 소수집단의 일방적 희생은 당연한 것이었다. 자신의 주거지 주변이 쓰레기 매립장으로 결정되었을 때, 그 피해를 고스란히 떠안지 않으면 이기주의자로 매도되던 시절이었다. 오늘날 우리의 경제적 풍요는 열악한 산업현장에서 손발이 잘리고 목숨을 잃어도 합당한 보상이 없었고, 요행히 건강하게 살아남은 이들이 그 희생의 보상을 챙기며 그 자리를 제3세계 외국인들에게 떠넘긴 결실이라고도 할 수 있다.

　개인이 자신의 권리 의식에 눈뜨게 된 이제, 더 이상 일방적 희생을 강요할 수 없다. 그러나 과거의 습관을 버리지 못한 관료와 군중은 개인이 정당한 보상없이 권리를 포기하지 않는다고 비난하기만 한다. 아니 정당한 보상과 안전을 약속하고도 지키지 못하는 관료들 자신의 무능을 반성하기보다 개인의 정당한 시민의식을 탓하기에 바쁘다. 개인 또한 지나친 보상을 기대하며 속칭 '알박기'에 바쁜 사람도 드물지는 않다.

흄의 『인간 본성에 관한 논고』는 우리 사회의 당면한 문제, 또는 세계의 현실적 문제를 고려해볼 충분한 토대를 제공한다. 유럽의 역사적 변환기를 우리나라 실정과 비교해볼 때, 우리는 아직 근대화 과정에 있으며 시민사회로 급속하게 진행되고 있다. 유럽이 우리보다 문화적으로 앞섰다는 것은 결코 아니지만, 당시 유럽 상황이 우리에게 지금 비슷하게 진행되고 있다는 점에서 이 책은 우리의 앞날을 전망하는 데 도움이 될 것 같다.

이 준 호

2부 본문

3부 관련서 및 연보

1부 David Hume

시대 · 작가 · 사상

진리라고 믿었던 것이 몽상에 지나지 않았다는 것을 알았을 때 이성은 회의주의로 귀결되고, 몽상을 진리라고 믿고 있으면 독단에 빠질 수밖에 없다. 그렇기 때문에 흄은 독단과 회의의 뿌리는 동일하다고 한다. 즉 이성의 필요 없는 사변 때문에 독단과 회의가 발생한다. 불완전한 이성의 한계를 자각해야 한다. 이성의 한계는 경험이다. 이성이 경험을 넘어서면 필요 없는 사변에 빠질 수밖에 없고, 독단과 몽상으로 이어진다는 것이 흄 철학의 기초이다. 근대 유럽철학은 흄에 이르러 비로소 형이상학적 몽상과 이 몽상에 바탕을 둔 독단의 잠에서 벗어난 것이다.

1장

흄과 그의 시대

17, 18세기 유럽 철학사조와 흄

유럽 근대 사조의 한 특징은 이성을 통한 계몽이다. 13세기에 로저 베이컨이 실험과 관찰을 통해 자연을 설명하여 교회와 갈등을 빚었던 사례에서 짐작할 수 있듯이, 계시의 진리와 이성의 진리는 대체로 대립 관계에 있었지만 유럽 중세사회를 지배했던 것은 계시의 진리였다. 16, 17세기경 프랜시스 베이컨, 케플러, 갈릴레이, 뉴턴 등이 "실험과 관찰의 결과(경험)를 수학으로 계산(이성)하는 과학적 방법"으로 구축한 세계관은 계시의 진리에 의존했던 기존의 세계관과는 대립적일 수밖에 없었다. 그리고 그 결과가 신의 계시(교회)와 인간의 지성(세속) 간의 갈등이라고 볼 수 있다.

당시 유럽 철학의 과제는 이 갈등을 해소하는 것이었으며,

한 가지 해소 방법으로 실체와 속성, 정신과 신체 등의 이중
적 관계를 이용했다고 볼 수도 있다. 변하지 않고 참으로 존
재하는 것과 이것에 의지하며 끊임없이 변하는 것으로 나누
어 세계를 이해하는 방법에는 많은 이점이 있었기 때문이다.
특히 데카르트처럼 정신과 신체를 별개의 실체로 본다면, 이
둘의 상호작용 관계에 대한 해명이 근대철학의 기본 과제 중
하나였다고 할 수 있다. 이도 아니면 실체와 속성 또는 양태
등의 관계로 설정된 형이상학적 토대를 부정하고 새로운 철
학적 모색을 시도할 수도 있을 것이다.

이 문제에 대한 논의는 영혼불멸, 신과 인간의 관계, 이성
과 욕망의 관계, 인간과 자연의 관계, 자유와 필연, 예속적 신
민(subject)과 자립적 사회구성원인 시민(citizen)의 차이, 기독
교와 근대의 기계론적 자연관의 공존 가능성 등을 이해하는
기초를 이루기 때문에 중요하다.

데카르트가 실체를 정신과 물체로 구별하고, 정신이 물체
를 지배하는 것으로 본 것은 '신이 자연을 창조하고, 자연이
신의 섭리에 따라 운동한다' 는 기독교적 세계관의 한 유형이
라고 할 수 있다. 이것은 인간과 자연의 관계에서 신적 지성
인 이성을 부여 받은 인간이 이성이 없는 기계적 자연을 이성
의 자유 의지에 따라 지배하는 것을 정당화한다. 데카르트는
마찬가지 원리로, 신체의 영역에 속하는 욕망을 이성이 자신

데카르트.

의 의지에 따라 지배하는 과정을 설명한다. 즉 욕망은 이성의 지배를 받는다.

나아가서 데카르트의 견해는 전통적 기독교 교리인 영혼불멸설을 합리화할 수 있다. 데카르트가 실체를 정신과 신체로 구분한 것은 기존의 종교적 세계관과 근대과학의 기계론적 세계관 사이의 갈등을 해소하기 위한 것이었다. 왜냐하면 이런 견해가 중세의 유기체적 세계관과 공존할 수 없는 근대의 기계론적 세계관의 입장을 옹호하면서도 기독교적 창조론과 영혼관을 옹호할 수 있기 때문이다.

중세의 유기체적 세계관에 따르면, 모든 사물은 고유의 영혼을 가지며, 식물의 성장이나 영양섭취 등은 이 영혼의 자발적 운동에 따른 것이었다. 이에 반해 근대의 기계론적 자연관에 따르면, 사물들의 모든 운동은 마치 시계의 운동처럼 기계적 원리에 따른 것이고 인과법칙에 따라 수학적으로 양화될 수 있다. 이렇듯 데카르트는 이원론을 통해 물체와 영혼을 완전히 분리함으로써 종교적 측면에서 물질과 혼합되지 않은 순수하고 단순한 영혼의 존재와 자유의지, 그리고 영혼불멸 및 무한한 정신으로서 신의 존재를 옹호하면서, 동시에 자연을 기계론적으로 해석하는 근대과학의 입장도 지지할 수 있는 기반을 마련하고자 했다. 그러나 그는 이원론의 피할 수 없는 과제인 정신과 물체 사이의 상호관계와 작용원리를 설명해야 했지만, 결코 이 과제를 해결할 수는 없었다.

이와 같은 신과 인간의 관계 및 인간과 자연의 관계는 라이프니츠에게도 이어진다. 라이프니츠는 해결하기 힘든 심신이원론의 과제를 해소하기 위해, 존재하는 모든 것들을 개별적 영혼 또는 정신인 단자들이라고 정의한 정신(또는 영혼) 일원론을 전개한다. 그의 단자(monad) 개념은 영혼의 개별성을 더욱 강조하면서도 신의 권능 또한 함께 강화한다. 그의 이론에 따르면, 신의 정신에 절대적으로 복종하는 이성적 단자인 인간의 정신처럼, 이성보다 열등한 정신의 단자를 가진 자연물들은 이성적 단자를 가진 인간의 의지에 절대적으로 복종할 의무가 있으며, 복종 여부에 따라 보상과 응징을 받는 것이 정당하다고 할 정도로 자연에 대한 인간의 지배력 또한 강화된다.

흔히 영국 경험론 계열로 분류되는 버클리의 경우 특이하게 정신만 실체로 인정한다. 실체에 대한 인식 가능성을 부정하는 로크의 입장은 버클리에게 회의주의로 비쳤으며, 시민 저항권 등은 공동체의 안정성을 저해하는 위험한 요소로 보였다. 또 근대의 대표적 종교관인 이신론에 따르면, 신은 오직 자연의 창조주일 뿐이지 주재자가 아니며, 자연은 기계론적 인과법칙에 따라 운동한다.

　이런 입장에 대해 버클리는 인간을 무신론으로 내몰며 반종교적·반도덕적 성향을 부추긴다고 비판하였다. 버클리는 근대 물리학의 성과와 기성 종교의 화해를 위해 정교하게 고안된 이신론에서 신의 역할이 상실되었다는 점을 발견했던 것이다. 여기서 버클리는 세계의 주재자로서 신의 역할을 회복하기 위해 정신적 실체만을 인정하며, 물질적 실체의 존재를 부정하고 물체는 정신의 지각에 의존하는 것으로 해석한다. 그러면 각 개인의 정신이 지각하지 못하는 동안 물체는 존재하지 않는 것일까? 버클리는 그와 같은 경우에 물체의 존재를 지지해 주는 것은 '신이라는 무한한 정신'이라고 한다. 이는 신이 자연계의 현존에 적극적으로 관여하고 있음을 강조함으로써, 유신론을 강화하여 일반의 종교적 성향을 고취시키려는 의도가 버클리에게 있었기 때문이다.

　반면에 근대 이성주의 계열로 분류되는 스피노자의 경우, 무한한 속성을 가진 자연만이 하나의 실체이며, 사유와 연장은 인간이 인지할 수 있는 자연의 무한한 속성들 중 일부이고 정신과 물체는 이 속성이 드러나는 양태이다. 우리가 지각하는 개별적인 것은 자연이 자신을 드러내는 양태일 뿐이다. 따라서 정신과 물체의 관계도 상호 독립적이며, 정신이나 물체 중 어떤 것이 다른 것에 대해 우위를 차지할 수도 없다.

다만 정신과 물체는 동일한 실체의 서로 다른 속성이 드러난 양태이므로 통일성을 갖는다. 인간의 입장에서 볼 때 자유와 필연의 구별도 무의미하다. 스피노자의 경우에 "우리가 자유롭다고 생각하는 것"은 "사람이 던진 돌이 날아가면서

스피노자.

돌 자신의 자유의지에 따라 날아간다고 생각하는 것"과 다를 바 없기 때문이다.

데카르트나 라이프니츠와 달리 스피노자에 의하면, 개별적인 것은 자기보존이라는 기본적 충동(conatus) 또는 욕망에 따라 존재한다. 그러나 자기보존의 기본적 충동과 기쁨과 슬픔의 기본적 정서에 따라 자신의 역량을 증대시키기 위해, 개별적인 것은 이성의 인도를 따라야 한다. 또 최상의 행복을 위해서는 이성의 진리 인식이 기본적 충동과 정서의 동기가 되어야 한다. 이런 점에서 스피노자는 이성주의자로 분류된다. 그러나 그의 견해는 불멸적 영혼 또는 정신의 존재를 인정하지 않음으로써, 로마 가톨릭의 세계관이나 영혼관과 배치된다. 선악과 같은 도덕적 개념도 기본적 정서에 대한 반응의 결과이자 인간 감성의 산물이라고 해석했다는 점에서, 도덕률을 경험과 무관한 내재적 원리로 보는 이성주의자들

의 입장과 차이를 보이고 있다.

단순성의 개념을 전제로 실체론을 전개했던 이성주의자들과는 달리, 경험주의자들은 '단순하여 나눌 수 없기 때문에 변할 수 없는 존재'라는 실체의 개념과, 정신이 물질을 지배한다는 입장을 선뜻 받아들일 수 없었다. 오히려 토머스 홉스는 존재하는 모든 것은 물체이며, 단순한 것들의 복합체라고 했다.

한 개체를 구성하는 다양한 물질적 요소들은 고유의 기능을 가지며, 이 고유의 기능이 하나의 체계로 통일되어 작용하는 것이 개체의 운동이다. 예를 들어 한 개인의 경우에 생명은 팔다리의 운동이며, 추론은 두뇌라는 물체의 계산 작용이다. 이를 통해서 짐작할 수 있듯이, 홉스는 근대의 기계론적 자연관으로 인간과 인간의 행위를 해석하려고 했다. 나아가서 홉스는 개인을 자연체(natural body)의 측면과 정치체(body politic)의 측면으로 구별하는 한편, 국가라는 정치체 또한 다양한 기관으로 구성된 하나의 인격(person)이라고 했다. 인격은 사회적·정치적 권리와 책임의 주체이다. 국가 또한 다른 국가

홉스.

에 대해 권리와 책임을 갖기 때문에 하나의 인격이다. 이것은 뒷날 흄이 인간을 자연적 욕망의 주체이자 사회적 관계의 주체로 이해하고, 국가를 인격이라고 보았던 것과 같은 맥락이다.

개인은 모두 평등하며 '자기보존과 확장'의 원리에 따라 운동한다. 인간은 궁극적으로 외부 대상에 대한 욕구와 혐오라는 두 가지 정념의 반응으로 운동하는 것이며, 선악의 문제 역시 이 두 정념의 반응에 따라 나타난다. 즉 욕구의 대상은 선이며, 혐오의 대상은 악이다. 인간은 자기보존과 확장의 원리에 부합되는 것을 욕구하며, 그 반대의 것을 혐오하기 때문이다. 이것은 근대 자연권 사상의 기초이기도 하다. 개인이나 국가에 있어서 가장 기본적인 권리는 '자기보존과 확장'이다.

자연 상태에서 각 개인이 자기보존과 확장이라는 자연권을 무제한 행사하는 경우에, 평등한 각 개인의 자연권은 충돌할 수밖에 없다. 이것이 흔히 말하는 '만인에 대한 만인의 투쟁'이다. 개인 간의 자연권이 충돌한다는 것은 개인의 자연권이 침해된다는 것이기도 하다. 따라서 자기보존과 확장을 위해 각 개인은 계약을 통해 개인의 권리를 오히려 제한할 필요가 있다. 이 계약을 토대로 사회 또는 국가가 성립된다.

개인과 국가의 관계에 대한 이와 같은 홉스의 입장은 근대적 개인관과 국가관의 효시라고 할 수 있다. 물론 홉스는 절

대군주제를 옹호한다. 그럼에도 불구하고 그의 견해는 개인이 권력에 일방적으로 예속되고 헌신해야 한다는 인간관과는 차이를 보인다. 적어도 그의 체계 안에서 국가는 주권의 원천인 개인을 보호해야 할 의무를 가지고, 그 의무의 실천을 통해서 국가 또한 자신을 보호하고 확장할 수 있다. 이러한 홉스의 국가관은 교회 중심의 유럽 공동체가 개별 국가로 분열되어 근대 시민사회로 이행하는 과도기적 상황의 국가관이라고 볼 수도 있다.

로크는 정신과 물체라는 실체를 인정하지만, 실체와 양태의 구별을 통해 신의 세계와 인간의 세계를 구별한다. 즉 오직 신만이 실체를 인식할 수 있고, 인간 지성은 도형 등과 같은 양태에 대한 지식을 가질 수 있으며, 인간이 지각하는 것은 성질들의 다발일 뿐이다. 예컨대 우리는 금의 실체를 지각할 수 없지만, 다양한 그 성질들의 다발을 지각한다. 인간에게 금은 노랑·전성·용해 가능성 등의 단순 관념이 하나로 결합된 복합 관념으로 지각된다.

이때 금이라는 복합 관념을 구성하는 단순 관념들은 모두 경험을 통해 얻어진 것이다. 이것은 인간의 지식이 경험에서 비롯되고, 경험의 한계를 벗어날 수 없다는 것을 의미한다. 그러나 로크가 신을 인식의 영역으로 간주하고, 신에 대한 인식을 토대로 도덕의 근거를 모색한다는 점에서 그가 구축한 체계의 일관성이 문제될 수도 있다.

로크도 홉스와 마찬가지로 개인 간의 평등과 자연권을 토대로 사회계약론을 주장하지만, 절대군주제의 폐단을 경계하며 공화제를 옹호한다. 그렇지만 국가 권력이 그 구성원들로부터 나온다는 점에서는 두 사람의 의견이 일치한다. 로크는 만민의 평등과, 노동을 통한 사유재산제 등을 주장했다. 그렇지만 주인과 하인이라는 신분제 사회에서 주인으로 살며 식민지를 관할하는 부처의 수장을 지냈던 로크에게 인격은 주인들만의 것이었다. 로크의 경우에 하인의 노동 생산물을 주인의 사유재산으로 인정하는 등 중세 신분제 사회의 잔재가 여전히 남아 있었다. 하지만 이런 모순이 비단 로크에게서만 발견되는 것은 결코 아니다.

유럽 근대철학을 경험주의와 이성주의로 대별하지만, 근대의 기계론적 세계관이 경험과 이성(수학)의 산물이라는 점을 감안하면, 근대철학의 쟁점은 경험과 이성의 대립이라기보다 이성이 경험을 초월하여 구성한 형이상학적 체계의 정당성이었다. 즉 이성이 경험을 초월하여 구성한 형이상학적 체계를 근원적 진리로 간주하여 이것을 토대로 다른 학문을 정립하려는 이성주의자들과, 이성의 인식 가능성을 경험의 한계 안으로 제한하려는 홉스·로크와 같은 경험주의자들의 대립이었다. 당시 유럽인은 경험과 이성을 통해 자연을 이해함으로써 계몽된 기계론적 자연관을 갖게 되었지만 이성이 경험의 한계를 넘어서는 것은 경계했다. 이성을 통한 계몽이 다시금 몽상과 독단으로 귀결될 수 있기 때문이다.

홉스와 로크, 버클리, 라이프니츠 등의 입장을 비판적으로 계승한 흄에 따르면, 인간 본성과 밀접한 관련을 갖는 논리학의 유일한 목적은 인간의 추론 능력의 원리와 관념 등의 본성을 설명하는 것이다. 논리학이 밝혀낸 인간 본성에 관한 학문, 즉 '인간학'은 다른 모든 학문의 토대이다. 정신의 해부학자를 자임하는 흄의 인간학은 당시 자연과학의 '실험적 추론 방법을 도덕(인문학)적 주제에 도입'한 산물이며, 지각들의 상호작용을 설명하는 데 뉴턴 역학을 활용했다.

흄의 인간학에 따르면, 정신 또는 영혼은 일정한 규칙에 따라 상호작용하는 각종 지각이나 존재로 구성된 하나의 통일된 체계이므로 결코 단순할 수 없다. 그리고 정신은 단순하고 불변적인 실체가 아니므로 불멸적 존재도 아니다. 정신은 오직 자연법칙에 따라 끊임없이 운동하는 입자들의 다발이며, 다발의 해체는 곧 죽음을 의미한다. 이제 더 이상 정신은 신체 또는 자연의 지배자가 아니다. 정신은 오히려 일종의 신체 반응으로, 이성은 개인의 생존 및 욕망의 실현을 위해 필요한 분석적·계산적 기능에 지나지 않는다. 도덕률 또한 욕망을 실현하기 위한 사회적 묵계의 산물로서 인간 본성의 산물이지 신의 의지나 섭리와는 무관하다. 근대 유럽철학은 흄에 이르러 비로소 실체라는 형이상학적 몽상과 이 몽상에 바탕을 둔 독단의 잠에서 벗어났다.

흔히 사람들은 흄을 회의주의자로 평가하며 흄 자신도 스스로를 회의주의자라고 인정한다. 그러나 회의주의도 여러 입장이 있을 수 있다. 흄은 자신이 극단적 회의주의자가 아니라 온건한 회의주의자, 또는 철학적 회의주의자라고 한다. 이것은 신의 계시를 벗어난 이성의 계몽이 다시금 스스로의 몽상과 독단으로 귀결되는 것을 경계해야 한다는 뜻이다. 진리라고 믿었던 것이 몽상에 지나지 않았다는 것을 알았을 때 이성은 회의주의로 귀결되고, 몽상을 진리라고 믿고 있으면 독단에 빠질 수밖에 없다. 그렇기 때문에 흄은 독단과 회의의 뿌리는 동일하다고 한다. 즉 이성의 필요 없는 사변 때문에 독단과 회의가 발생한다. 불완전한 이성의 한계를 자각해야 한다. 이성의 한계는 경험이다. 이성이 경험을 넘어서면 필요 없는 사변에 빠질 수밖에 없고, 이것은 독단과 몽상으로 이어진다는 것이 흄 철학의 기초이다.

"Some sounds cannot be detected by the human ear."

—D. Hume

흄의 삶

흄은 1711년 4월 24일 에든버러에서 2남 1녀 중 막내로 태어났으며, 두 살 때 아버지를 여의었다. 유럽의 전통적인 가부장적 문화에서 아버지가 없다는 것은 곧 생활이 여유롭지 못하다는 것을 의미한다. 그러나 넉넉지 않았던 유년 시절 생활이 오히려 그가 검소한 생활을 하며 학문에 전념하는 데 도움이 되었던 것 같다. 어린 시절 어머니를 비롯한 주변 사람들은 안정된 삶을 영위할 수 있는 법률가가 되기를 권했고, 열두 살 때 에든버러 대학에 입학하여 법학을 3년간 공부하기도 했다. 그러나 그는 학자로서 풍요롭게 살며 명예를 누리고 싶었던 열망 때문에 법학을 포기했다. 그렇지만 자신의 사상이 당시 학계에 쉽게 받아들여지지 않을 것이라는 것을 예상했음에도 학자의 길을 걷기로 결심할 수 있었던 것은, 흄이 검소한 삶을 결코 불만스러워하지 않았기 때문일 수도 있다.

불그레한 얼굴, 많은 식사량, 비만한 몸, 강한 스코틀랜드 억양의 말투 등 당시 상류 사회 사람들의 눈에 익숙하지 않은 흄의 용모와 어눌한 차림새는 입방아거리였다. 그렇지만 이와 같은 흄의 외모는 당시 유럽 사상의 보수적 시류에 영합하지 못한 흄의 어리석음(?) 탓일 수도 있다. 흄의 삶을 살펴보면 비만과 안면홍조의 원인 중 일부는 그의 학문적 열정과 현실 사이의 갈등에서 비롯된 심리적 번뇌라고 짐작해 볼 수도 있을 것이다.

그는 자신의 독창적 생각이 편견으로 가득한 사회에 적합하지 않다는 것을 예견하면서도, 학자로서 명예롭고 부유한 삶을 희망했다. 실제로 젊은 시절 그의 저술은 혹평을 받았으며 비난의 대상이었지만, 그는 좌절하지 않았다. 오히려 자신의 의도가 제대로 이해되지 못했음을 안타까워하며 익명으로 자기 저서를 요약해서 출판하기도 했다. 이런 점에서 그의 희망과 현실 사이의 괴리에서 그가 심한 정신적 갈등을 겪었음을 짐작할 수 있다. 흄은 의사의 처방에 따라 붉은 포도주를 매일 50파인트(0.57*l*)씩 마시며 운동요법을 실시했지만, 그의 생김새는 사람들의 눈에 점점 더 낯설어졌을 뿐이다. 그의 몸은 그가 만년에 간 질환으로 삶을 마무리할 무렵

다시 청소년기의 호리호리한 몸매로 돌아갔다. 따라서 풍자 거리였던 그의 외모도 학문적 열정과 현실 사이에 빚어진 심리적 갈등의 산물이라고 할 수 있을 것이다.

오늘날 유럽철학사의 분수령으로 평가 받는 그의 처녀작 『인간 본성에 관한 논고 *A Treatise of Human Nature, Bk., I, II, III*』(이하 『논고』)는 출판 당시 매우 냉소적 평가를 받았고, 이 책을 출간함으로써 학자로서 명예롭고 부유한 삶을 살고자 했던 흄의 희망도 좌절되었다. 그의 생애에서 이 책은 그의 출세를 가로막는 걸림돌이었지만, 그는 이 책에 나타난 그의 사상을 굽히지 않았다.

흄은 간혹 다른 일자리를 갖기는 했지만, 월 40파운드 정도의 연금으로 검소한 생활을 하며 학자로서의 열정을 꾸준히 지켜 갔다. 마침내 만년에는 『영국사 *History of England*』 등으로 학자로서 자신의 꿈을 성취했다. 비록 『논고』가 그의 삶의 걸림돌이었지만, 『영국사』는 흄이 삶을 마감한 뒤에도 거의 100년간 역사서로서 권위를 누렸다고 한다. 오늘날 영국 도서관에서 흄은 철학자가 아니라 역사학자로 분류되어 있다. 그리고 당시 혹평의 대상이었던 『논고』에 대한 오늘날 철학계의 평가

『인간 본성에 관한 논고』.

를 감안하면, 그는 학자로서 자신의 위대한 꿈을 오늘날에도 실현하고 있는 셈이다.

흄은 『자연 종교에 관한 대화 *Dialogues concerning Natural Religion*』를 의도적으로 생전에 출간하지 않고, 원고를 절친했던 아담 스미스에게 부탁하여

흄.

사후에 간행했다. 또한 종교 문제에 관한 그의 논변은 자연 종교의 기원이 인간 본성에 있음을 밝힌 『논고』를 제외하고는 모두 대화체로 기술되어 있다. 이런 점 때문에 흄의 종교관을 구체적으로 파악하기 어렵다. 그러나 다양한 종교관에 각각 담긴 문제점에 대해 대화체 형식으로 논변을 전개하면서도 신앙생활을 결코 부정하지 않았다는 점에서, 그가 논쟁을 회피하기보다는 쓸데없는 사변적 논쟁을 싫어했을 뿐이라는 추측이 가능하다. 우리는 그가 홉스나 로크와 마찬가지로 신흥 종교에 대한 로마 가톨릭의 일방적 억압과 획일성을 비판하며, 종교의 자유를 옹호하는 입장이었음을 짐작할 수 있다. 이를 보면 흄 자신은 낙천적 성격이라고 자평했지만, 소심하고 예민하면서도 타협할 줄 모르는 비판적 성격으로 다만 정직하고 낙천적으로 살려고 애를 썼던 것 같다.

만년에 간 질환으로 삶을 마감하는 순간에도 의사의 간 질환 진단에 스스로 해당 부위를 만져 보고 동의했을 정도로 자신의 철학과 사상에 충실했다. 그의 표현대로 그의 신체는 해체되었지만, 칸트가 현상과 물자체, 순수이성과 실천이성을 구별하고 선험적 인식론과 변증론을 구상하는 데 깊은 영향을 끼쳤다. 그리고 오늘날에도 유럽과 영미 철학에 짙게 드리운 그의 철학과 사상의 그림자가 언제 걷힐지 짐작할 수 없다. 흄의 몸을 구성하고 있던 다양한 요소들은 이제 다른 어떤 것을 구성하는 요소로 남아 있을까, 아니면 소멸해 버렸을까?

2장

흄의 사상

지각 분석과 정신

지각 분석

흄은 지각을 인상(impressions)과 관념(ideas)으로 구분한다. 인상은 감각(sensations), 정념(passions) 그리고 정서(emotions) 등을 가리킨다. 흄은 이 인상들이 사라진 뒤에 남은 잔상을 관념이라고 하지만, 관념에서도 반성 인상이 발생한다는 점에서 인상이 관념보다 먼저 발생한다는 것은 외부 대상에 대한 감각 지각으로 국한된다. 그리고 엄밀한 의미에서 관념은 논리적·수학적 개념까지 포함한다. 인상과 관념의 종류는 발생 순서, 형태, 그리고 그 원인에 따라 다양한 방식으로 구분된다. 흄은 모든 지각의 기원을 감각 인상이라고 하지만, 감각 인상의 발생 과정에 대해서는 전혀 언급하지 않는다. 그것은 정신의 해부학자 또는 정신의 지리학자를 자처하는 자신의 몫이 아니라, 자연철학자나 해부학자의 몫이기 때문이다.

흄은 『논고』 제1권의 첫머리에서 지각의 힘(force, strength)이나 생동성(vivacity, liveliness) 등으로 인상과 관념을 구별한다. 그러나 이런 구별 기준은 논란의 여지가 많다.

우선 인상과 관념 사이의 근본적 차이에 대해 살펴보자. 흄은 인상과 관념의 차이를 감각 작용(feeling)과 사고 작용(thinking)의 차이로 설명한다. 그런데 흄 자신도 인정하듯이, 희미하고 약한 인상보다 환각이나 환청처럼 생생하고 강한 관념이 있을 수 있다. 따라서 생생함과 강도 등은 인상과 관념을 구분하는 기준으로 적절하지 않다. 그보다 감각 작용의 대상은 '사실'이라는 점에서 인상을 현재의 사실에 대한 지각으로, 심리적 연상 작용이나 개념적 추론의 대상을 모두 관념으로 정의하는 것이 오히려 적절하다. 왜냐하면 감각 인상은 알려지지 않은 원인이 감관을 자극함으로써 발생하는 지각인데, 이 지각은 인간이 지각할 수 있는 사실을 나타내기 때문이다.

욕망을 비롯해서 모든 감정을 뜻하는 정념이나 정서도 각각 '사실'들이다. 흄은 인상이라는 개념을 현재 사실에 대한 지각을 의미하는 것으로 사용하며, 이 개념은 현재의 심리적 상태를 모두 아우르기도 한다.

예컨대 나는 '재서'라는 사람을 지금 보거나 생각할 때마다 언제나 '재서'와 함께 있고 싶다는 생각이 들 수 있다. 이때의 '언제나 함께 있고 싶다'는 욕망, 넓은 의미에서 정념은 나의 심리적 상태이지만 동시에 하나의 사실이다. 그리고 이런 사실은 '재서'라는 사람을 생각하면서도(감각 관념) 발생하고 그 사람을 보면서도(감각 인상) 발생한다. 그렇지만 어떤 경우든 내가 '재서'와 '언제나 함께 있고 싶다'는 욕망은 비록 외부 세계의 사실은 아니라고 하더라도 부정할 수 없는 하나의 '사실'이다. 이 '사실' 역시 인상이라는 점에서 인상은 현재의 사실에 대한 지각, 또는 현재의 사실이다.

인상과 관념의 관계

흄은 책상이나 향기 등과 같은 외부 대상이 눈과 코 등의 감관을 통해 처음으로 지각되는 것을 감각 인상(impression of sensation), 그리고 감각 인상을 그대로 재현하여 상으로 나타내는(represent) 지각을 감각 관념(idea of sensation)이라고 한다.

여기서 그는 다음과 같은 『논고』의 제1원리를 확정한다. 처음 현상하는 단순 관념은 단순 인상으로부터 유래하는데, 이 단순 인상은 단순 관념에 대응하며, 단순 관념은 단순 인상을 정확하게 재현한다. 내가 지금 '재서'라는 사람을 '눈'

으로 보고 있을 때 나는 '재서'에 대한 감각 인상을 가지며, '재서'와 헤어진 뒤에는 '재서'에 대한 감각 관념을 가질 수 있다. 즉 감각 인상이 없다면 감각 관념도 가질 수 없다. '인상은 관념보다 앞선다'는 이 원리는 『논고』의 일관된 원리로서, 사실에 대한 신념(belief)과 허구(fiction)를 구별하는 기초이며, 경험의 한계를 초월한 형이상학적 허구의 실재를 비판하는 기초이기도 하다.

사람에 따라서는 흄의 제1원리가 외부 대상들에 대한 지각을 구별하는 데 국한되는 것으로 여길 수도 있을 것이다. 그러나 인상은 외부 대상들에 대한 지각이라는 의미에 국한되지 않는다. 흄은 인상을 감각 인상과 반성 인상(impression of reflexion)으로 구분한다. 정념인 반성 인상은 감각 인상, 감각 관념 등은 물론 반성 인상이나 반성 관념에서도 발생한다. 정념은 우리가 느끼는 다양한 감정뿐만 아니라 다양한 욕구 등을 포괄하는 개념이다. 정념은 감각 인상이나 관념 등에서 발생한다. 그렇지만 그 정념이 사라진 뒤에도 그 정념에 대한 관념은 기억 속에 남는다는 점에서, 제1원리는 정념의 영역에서도 일관성을 갖는다. 다만 발생 원인이 다양하다는 점에서 정념은 감각 지각과 차이가 있다.

그렇지만 마음의 구성요소인 지각들에 대한 분석에서 가장 근원적인 지각은 감각 인상이다. 감각 인상이 없다면 그 밖의 어떤 지각도 있을 수 없다. 흄이 인간 정신을 지각의 공화국에 비유한다는 점에서, 감관을 통한 대상 지각이 없는 한 인간의 정신 현상도 있을 수 없다. 그런데 감각 지각은 신체의 감각 기관을 통해 발생한다. 즉 신체는 외부 대상과 관계를 갖고 교섭하는 토대이다. 따라서 신체가 없다면 다른 어떤 것과도 관계를 가질 수 없으며 교섭할 수도 없다.

흄은 사고 작용을 단순 지각들 사이에 발생하는 생기(animal spirit), 또는 정기(spirit)의 운동이라고도 하며, 『대화』제2부에서는 사고를 두뇌의 작은 파동(little agitation)이라고도 한다. 이런 점을 감안하면, 의식의 기초는 신체라고 볼 수 있다. 다만 흄은 감각 기관이 두뇌에 감각을 유발하는 방식에 대한 연구는 해부학자들의 몫으로, 즉 자연과학의 영역으로 남겨둔다.

이성과 상상력 그리고 기억

흄은 지각을 형태에 따라 단순 지각과 복합 지각으로 구분한다. 이 구분에 따라 인상과 관념을 단순 인상과 복합 인상, 단순 관념과 복합 관념으로 구분한다. 그런데 우리가 지각하는 감각 인상은 엄밀한 의미에서 모두 복합적이다. 예컨대 '눈'이라는 감각 기관은 '노랑'이라는 색의 인상만을 지각하지는 않는다. 어떤 경우든 '노랑'은 어떤 형태를 가지고 있기 때문이다. 따라서 우리는 '노랑'이라는 색을 형태와 함께 감각 기관을 통해 지각한다. 이성은 이 감각 인상을 단순한 색과 형태로 구별한다. 이것을 흄은 이성의 구별(distinction of reason)이라고 하는데 일종의 분석 기능이다. 또 이성은 형태에 대한 감각 인상을 선에 대한 감각 인상과 면에 대한 감각 인상으로 단순화하여 구별할 수 있다.

현재까지는 더 이상 분할될 수 없이 단순한 것으로 이해된 입자들이 관찰 수단이나 조건의 진보로 그보다 더 단순한 것들로 구성된 것으로 파악될 수도 있다. 관찰 수단이 진보함에 따라서 지금까지 단순한 것으로 파악된 것이 복합적인 것으로 파악될 수 있다면, 단순 지각이라는 것은 확정적이지 않다.

오히려 구별 가능성의 한계 안에서의 단순성이라는 개념을 분석의 한계 개념으로 이해할 수 있을 것이다. 단순한 것은 더 이상 분해될 수 없다는 점에서 완전하고 불변적이며 영원한 것이라고 이해했던 데카르트나 라이프니츠의 단순한 것과 여기서 말하는 단순한 것은 다르다. 흄에 의하면, 단순 인상이나 단순 관념도 변하고 소멸할 수 있기 때문이다. 즉 흄의 경우에 불변적 사실은 없다.

"복합적인 것을 단순한 것으로 분리하고 다시 이 단순한 것을 복합적인 것으로 자유롭게 결합"하는 것은 상상력이며,

『논고』의 제2원리는 바로 이 상상력의 원리이다. "이성을 통해 구별할 수 있는 것은 모두 분리할 수 있고, 분리할 수 있는 것은 모두 구별할 수 있다." 이때 이성은 복합 지각들에서 단순 지각들을 서로 구별하고, 상상력은 복합 지각을 구성하고 있는 단순 지각들을 서로 분리한다.

뿐만 아니라 상상력은 자신이 분리한 단순 지각들을 사실(또는 원래의 복합 지각)과 무관하게 또 하나의 복합 지각으로 결합할 수 있는데, 이것은 상상력의 자유이다. 관념을 바꾸고 변형시키는 상상력의 자유를 흄은 『논고』의 제2원리로 확정한다. 여기서 상상력의 자유라는 것은 사실과 무관하다는 뜻이며, 상상력이 관념을 바꾸고 변형하여 재결합하는 것도 연합 원리라는 일반 규칙을 따른다.

흄은 상상력과 이성의 의미를 애매하게 사용하고 있으며, 이성을 상상력과 동일한 의미로 사용하고 있음을 스스로 인정하기도 한다. 흄이 이성을 좁은 의미로 사용할 때는 논증적 추론이나 개연적 추론 능력을 가리키며, 그 밖의 경우에는 이성과 상상력을 동일시한다. 흄은 동물에게도 이성이 있다고 한다. 동물들은 과거 경험을 기초로 한 일종의 개연적 추론을 하며, 상황에 따른 동물의 행동은 그 결과라는 것이다. 이런 점에서 흄은 이성을 일종의 직감(instinct)이라고도 한다.

그런데 앞에서 언급했듯이 단순 관념들을 자유롭게 분리

하여 재결합하는 상상력의 자유는 이성의 구별을 전제한다. 이성이 지각들의 관계를 비교하여 지각들이 서로 다르다는 것을 구별하지 않는다면, 상상력은 그것들을 분리하여 재결합할 수 없다.

따라서 이성은 일종의 분석 능력이며, 또 관념의 관계들에서 동일성·상반성·수와 양의 비례 관계·성질의 정도 등을 판단하는 능력이라는 점에서 일종의 계산 능력을 의미하기도 한다. 그리고 분석 능력과 계산 능력으로서 이성의 추론 결과를 상상력이 종합하여 연합 원리에 따라 지각들을 재구성하거나 의지로 표출한다고 볼 수 있을 것이다. 이런 점에서 흄이 말하는 상상력을 이성의 구성적 종합 능력이라고 할 수 있을 것이다.

시나 우화 또는 신화 등의 내용에서 상상력이 자신의 관념을 자유롭게 변형하고 바꾸는 사례를 쉽게 찾을 수 있을 것이다. 흄은 신화나 옛날이야기 등에서 '자연'은 전체적으로 혼동되어 있다고 하는데, 이때 '자연'은 사실들이며 감관을 통해 지각된 것들이 원래의 배열과 순서를 그대로 유지하는 것, 또는 우리가 일상적으로 직접 경험하는 대상들이다.

옛날이야기에 나오는 '용'을 예로 들어 보자. 용은 다양한 단순 관념들로 구성된 복합 관념이다. 그런데 용의 관념을 구성하는 요소들은 우리가 감관을 통해 일상적으로 경험한 것들이다. 예를 들어 용의 비늘이나 눈, 뱀처럼 긴 형태와 색, 그리고 입에서 나오는 불 등 다양한 요소들은 우리가 일상생활에서 경험한 것들이고, 이 경험의 구성 요소들이 각각 분리되어 용의 관념으로 자유롭게 재구성된 것이다.

이것은 상상력의 창조적 능력을 가리키기도 한다. 예를 들어 상상력의 구성적 종합 능력은 새로운 사실을 인위적으로 고안하는 정신의 창조적 능력이기도 하기 때문이다. 상상력이 구성해 낸 복합 관념에 상응하는 복합 인상이 실재한다면, 상상력이 구성해 낸 복합 관념도 허구일 수는 없다. 그렇지만 용과 같은 복합 관념은 그것에 대응하는 복합 인상이 없기 때문에 상상력이 구성해 낸 허구이며, 자연(사실)에 대한 지각이 아니다.

이와 달리 자연, 즉 사실에 대한 감각 인상을 그대로 보존하는 것은 기억이다. 얼핏 생각하기에 기억된 단순 지각들이 없다면 상상력이 단순 지각들을 자유롭게 분리하고 결합할 수 없다는 점에서, 상상력의 작용은 기억을 전제하고 있는 것으로 볼 수 있을 것이다. 흄의 경우에 기억이 어떤 대상에 대한 인상을 본래대로 유지한다는 것은 그 인상을 구성하는 단순 인상들의 질서와 위치 또는 형태를 변화시키지 않고 보존하는 것이다.

따라서 기억은 단순 지각뿐 아니라 단순 지각들의 상호 관계를 보존한다. 그리고 상상력이 단순 관념들을 자유롭게 분리하고 결합한다는 것은 상상력이 지각들의 관계를 자유롭게 변형한다는 것이다. 이것은 상상력과 기억의 근본적 차이이며, 단순 지각과 복합 지각을 구별하면서 인식론적으로 사실과 허구를 구별하는 기준을 마련하려는 흄의 의도를 담고 있다.

상상력이 작용하는 자연적 관계는 존재론적 측면에서 다양한 요소들을 합일하여 하나의 개체로 통일하는 합일의 원리이기도 하다. 흄에 대한 여러 주석가들이 흄의 『논고』에 뉴턴 역학이 깊은 영향을 끼쳤다는 점을 논변했으며, 이런 의견에 대한 반론은 없는 것으로 알고 있다. 뉴턴이 모든 사물들 사이에는 '만유인력'이 존재한다고 가정했듯이, 흄은 단순 지각들 사이에 '은근한 힘(gentle force)' 또는 '인력(attraction)'이 존재한다고 가정했다. 단순 지각들 사이에 작용하는 이 힘을 흄은 '생기' 또는 '정기'라고도 했다. 이 힘은 지각들의 운동을 설명하기 위한 가설이겠지만, 이 힘을 전제하지 않고는 흄의 합일의 원리를 설명할 수 없다.

인력들은 인력 관계를 갖는 관계항(지각)의 질이나 양, 그리고 관계항의 운동 방향에 따라 작용한다. 단순 지각들은 자연적 관계에 따라 상상력 안에서 결합한다. 흔히 관념 연합의 원리라고 하는 유사성(resemblence), 인접성(contiguity in time and place), 그리고 인과성(cause and effect) 등 세 가지는 다양한 요소들이 하나의 합일체(unity)를 이루는 원리이기도 하다. 유사성, 인접성, 인과성 등은 단순 지각들 사이에 작용하는 인력들의 작용 방향 및 인력의 양이라고 할 수 있다. 적어도 이런 관점에서는 단순 지각들이 이 인력들에 따라 이합 집산하는 것으로 볼 수 있다. 이 경우에 정신이라는 우주는 연합원리에 따라 운동하는 단순 지각들의 자율적 체계일 것이고, 상상력은 우주를 구성하는 원소들 사이에 작용하는 합일 원리라고 할 수 있는 연합 원리의 작용이라고 할 수 있을 것이다. 흄은 이 연합 원리를 '우주의 시멘트'라고 한다.

이성의 독단과 회의

지각들의 관계와 지식

흄은 지각들의 관계를 자연적 관계와 철학적 관계로 구분한다. 자연적 관계는 상상력 안에서 두 관념을 연결하고, 한 관념이 다른 관념을 자연스럽게 끌어들이는 유사성, 인접성, 인과성 등의 관계이다. 이것은 일종의 심리적 연상 작용의 원리로서, 정신을 구성하는 다양한 지각들을 하나의 합일체로 통합하는 관계이기도 하다. 이와 달리 우리는 철학적 관계를 통해 대상들을 비교하고 논증할 수 있다. 흄은 철학적 관계를 유사성, 동일성(identity), 시간과 공간의 관계(멀다, 가깝다, 위, 아래, 앞, 뒤 등), 양(quantity)이나 수(number)의 비례, 동일한 성질의 정도(degree), 상반성, 원인과 결과 등 일곱 가지로 구분한다.

흄은 동일성의 부정을 차이(difference)라고 하며 두 가지로 구분한다. 그 하나는 동일성과 반대되는 수적 차이(numerical difference)인데, 이것은 수적 동일성이 없다는 의미이다. 수적 동일성이 없다는 것은 적어도 둘 이상이라는 뜻이다. 그리고 다른 하나는 유사성이 없다는 것을 뜻하는 유적 차이(specific difference)이다. 이 유적 차이는 유사성이 없기 때문에 어떤 비교의 가능성도 없다. 예를 들어서 학습 능력과 운동 능력을 서로 비교해 볼 때, 이 두 능력은 유적으로 다르므로 어떤 능력이 더 우월한지 비교할 수 없다. 유적 차이가 있는 경우에는 그 지각들을 비교하여 추론할 수 없다.

진리 문제에서 이 철학적 관계는 사실과 논증의 두 영역으로 구분된다. 흄의 표현을 빌리자면, 사실의 영역에서 철학적 관계는 그 관념들의 변화가 전혀 없어도 변할 수 있고, 논증의 영역에서 철학적 관계는 우리가 비교하는 관념들에 완전히 의존한다. 따라서 논증의 영역에서는 관념이 변하지 않는 한 관계도 변하지 않는다. 예를 들어 일본 총리가 말로써 한국을 침탈했던 과거사를 반성한다고 강조해도, 그 말의 진위에 대한 판단은 반성했다는 사실이 있는지 여부에 달려 있는 것처럼, 사실의 영역에서 진리는 개념에 의존하는 것이 아니라 사실에 의존한다. 반면에 논증의 영역에서는 수학 공식에 따라 문제를 풀어가는 과정처럼 오직 개념들의 관계만 고려한다.

일곱 가지의 철학적 관계 가운데 오직 관념에만 의존함으로써 지식이나 확실성의 대상일 수 있는 것은 네 가지이다. 이 네 관계는 동일성, 상반성, 성질의 정도, 양 또는 수의 비례이다. 이 네 관계 가운데 앞의 세 가지는 직관의 영역이다. 어떤 대상들이 서로 유사할 때, 그 유사성은 직감적으로 파악되기 때문이다. 눈으로 보고 차이를 추론 없이 인식하고 판단할 때, 이것을 직감 또는 직관이라고 한다. 다시 말해서 이런 점에서 직감과 직관이 다르지 않다.

그런데 흄은 이성 또는 상상력의 연쇄적 추론 결과를 직감이라고도 한다. 그리고 양이나 수의 비례는 추론의 영역에 속하는 것으로 볼 수 있다. 이 관계들은 이성의 계산 영역 또는 분석 영역에 속한다.

사실 문제와 관련된 세 가지 관계는 이성의 또 다른 영역, 즉 구성적 종합 능력이라고 할 수 있는 상상력의 영역이다. 상상력은 과거의 경험을 근거로 유사성·인접성·인과성 등의 관계에 따라 사실 문제에 관한 '신념(belief)'을 형성하는 원리이기도 하다. 흄이 사실 문제에 관한 진리 문제를 거론하면서 '지식' 대신 신념이라는 용어를 사용한 데는 그만한 이유가 있다. 당시까지만 하더라도 거짓이거나 오류를 저지를 가능성이 전혀 없는 인식 내용만이 지식이고, 거짓이거나 오류를 저지를 가능성이 조금이라도 있으면 지식의 영역에 속하는 것이 아니었다.

이러한 엄격하고 제한적인 지식 개념 때문에, 오류를 저지를 가능성이 조금이라도 있지만 우리가 참이라고 믿을 수밖에 없는 인식 내용을 지칭할 때 신념이라는 용어를 사용했다. 그리고 신념은 흄 혼자만 사용한 용어가 아니라 당시부터 지금까지 통용되는 인식론의 용어이다.

사실 문제의 영역에서 우리가 지식이 아니라 신념을 가질 수밖에 없다는 명제는 흄의 지각설에서 이미 전제되어 있다. 어떤 사실에 대한 과거의 경험(기억 관념)과 현재의 경험(감각 인상, 사실)은 그 사실에 대한 신념의 원천이다. 그런데 인상이 그 원인인 물체와 실제로 대응하는지 확인할 수 있는 방법은 없다. 그럼에도 불구하고 우리가 어떤 사실에 대한 관념을 형성했을 때, 그 관념이 사실과 일치하는지 여부를 판단할 수 있는 유일한 기준은 그 관념에 대응하는 감각 인상의 존재 여부이다.

또 흄의 단순성 개념은 논리적 분석의 한계 개념이기 때문에, 과거에 단순한 것으로 지각되었더라도 관찰과 분석 수단이 발달한 오늘날은 복합적인 것으로 지각될 수도 있다. 예를 들어 원자를 발견하기 전에는 분자가 가장 단순한 것이었지만, 발견 후에 분자는 원자들의 합일체(unity)로 지각되었으며, 지금 원자들은 소립자들의 합일체로 지각되고 있다. 이처럼 단순성이라는 개념은 변하지 않더라도, 지각 수단과 분석 방법의 변화에 따라 단순성에 대응하는 사실은 달라진다.

따라서 우리는 사실 문제에서 감각 인상의 한계를 넘어설 수 없을 뿐만 아니라, 지금 어떤 사실을 참이라고 믿더라도 그것이 참이 아닐 가능성은 얼마든지 있다.

논증의 영역에서 사실과 무관하게 개념들의 관계를 추론함으로써 지식을 얻을 수 있지만, 그 추론을 사실 문제에 적용할 때에는 지식일 수 없고 신념에 지나지 않는다. 이 경우에는 대상들의 불확실성과 판단의 불확실성 때문에 그 결론은 틀릴 수 있다. 기업경영의 회계를 예로 들어 보자. 이 경우에 수학적 계산 원리가 참이더라도 회계사의 숙련도와 회계 장부 기록의 확실성의 정도에 따라 오류 가능성의 정도는 달라질 수 있겠지만, 오류 가능성을 완전히 배제할 수는 없다. 이런 점에서 논증의 영역에서 지식을 획득할 수 있다고 하더라도 그것을 사실 문제에 적용할 경우에 그 지식은 신념의 단계로 전락하게 된다.

흄이 지식을 이와 같이 구분했던 것은 당시 라이프니츠가 '이성의 진리'와 '사실의 진리'를 구분했던 것과 같다. 그러나 이 두 진리 사이의 관계에 대한 두 사람의 의견은 차이가 있다. 라이프니츠의 경우 궁극적으로 이성의 진리가 사실의 진리에 대해 우위를 차지한다. 반면에 흄의 경우 이성의 진리, 즉 논증을 사실 문제들에 대해 적용할 수 있지만 논증은 사실의 영역에서 대상과 판단의 불확실성 때문에 개연성의 범위를 벗어날 수 없다. 흄과 라이프니츠의 이런 차이점을 하찮게 여길 수도 있을 것이다. 그러나 이 차이는 유럽 지성사의 흐름을 바꾸어 놓았다.

상상력과 복합 관념

앞서 밝혔듯이, 흄의 체계에서 이성은 좁은 의미에서 분석 능력 또는 계산 능력을 뜻하지만, 넓은 의미에서 종합적 구성 능력으로서 상상력을 뜻한다고 했다. 그리고 상상력의 종합적 구성 능력은 창조력의 원천일 수도 있다. 그런데 상상력의 창조물은 진리일 수도 있고 허구일 수도 있다. 예를 들어 상상력이 구성해 낸 복합 관념에 대응하는 복합 인상이 있거나 복합 인상을 발견할 수만 있다면, 상상력이 구성한 그 복합 관념은 진리를 발견했거나 창조한 결과라고 할 수 있다. 그러나 이성이 구성한 복합 관념에 대응하는 복합 인상이 존재하지 않는다면, 그 관념은 허구일 뿐이다. 즉 이성은 진리를 추론해 낼 수도 있지만 허구를 추론할 수도 있다.

흄은 신화나 옛날이야기에서 자연이 전체적으로 혼동되

어 있다고 하는데, 요즘 사례로는 공상 과학의 주제가 적합할 것 같다. 공상과학 영화나 소설의 내용은 현재의 시점에서는 말 그대로 공상, 즉 허구이다. 그러나 그 허구가 미래의 어떤 시점에서 실현될 수도 있다. 만약 실현된다면, 그것은 허구가 아니라 현재의 사실이다. 그렇지만 실현되지 않는다면, 우리는 그 관념에 대응하는 감각 인상을 가질 수 없다. 따라서 그 관념을 참이라고 믿을 만한 근거가 전혀 없으므로 상상력이 구성해 낸 허구에 지나지 않는다. 상상력은 복합 관념을 구성할 뿐만 아니라, 예외적이기는 하지만 단순 관념을 발견할 수도 있다.

예를 들어 푸른색 색조 중 하나를 제외한 나머지 다른 색조들을 가장 짙은 것으로부터 가장 옅은 것으로 일정한 정도로 옅어지게 배열해 보자. 우리는 특정 색조가 빠져 있는 것을 지각할 것이다. 그리고 그 색조에 대한 단순 인상이 없더라도 그 관념을 떠올릴 수 있을 것이다. 이 경우에도 그 색조에 대한 인상이 없다면, 그 색조가 실제로 있을 수 있다고 생각하며 찾아볼 수는 있겠지만 실제로 있다고 믿을 수는 없다.

흄이 상상력의 구성적 종합 능력을 인정하면서, 상상력이 구성하거나 발견한 관념을 참이라고 믿는 기준을 그 관념에 대응하는 인상이라고 하는 것은 기존 형이상학의 체계를 비판하려는 의도를 담고 있다. 예를 들면 속성들의 담지체로서 실

체, 불멸적인 단순한 영혼, 신과 같은 관념을 이성 또는 상상력
이 얼마든지 구성할 수 있다. 그렇지만 그 관념에 대응하는 인
상을 발견할 수 없다면, 그 관념을 사실로 믿을 수 없으며, 그
관념은 상상력이 구성해 낸 허구에 지나지 않는다.

이와 같이 흄의 입장에 따르면 실체, 신, 불멸적인 단순한
영혼 등의 개념을 기초로 형성된 철학 체계들은 이성의 몽상
에 지나지 않는다. 이성이 정당화할 수 없는 몽상을 진리라
고 우기는 것은 이성의 독단이다. 칸트가 이성을 순수 이성
과 실천 이성, 그리고 대상을 현상과 물자체로 구별하고, 선
험적 인식론과 선험적 변증론을 구상한 것도 바로 이와 같은
문제점 때문이었다고 볼 수 있다.

이성의 독단과 회의의 원천

흄은 진리의 기준을 순수한 관념들의 비율 관계로서 무모
순율에 따른 것, 관념과 인상(사실)의 일치로 규정한다. 즉
"진리의 종류는 두 가지인데, 한 가지는 관념들 자체의 비율
을 발견하는 데 있고, 다른 것은 대상에 대한 관념이 그 대상
의 실재와 합치하는 데 있다." 앞서 언급했듯이, 인상이 사실
을 가리키는 것이라면, 우리가 어떤 관념을 가지고 있고 그
관념에 해당하는 인상이 존재하는 경우, 우리는 참이라고 판
단할 수밖에 없을 것이다.

즉 사실 문제에 관한 한, 인상을 지식의 근거로 보아도 좋을 것이다. 그러나 다른 한편으로, 인상의 존재론적 지위를 검토하면 인상은 외부 존재에 대한 지식의 근거가 될 수 없다. 적어도 외부 대상의 존재에 관한 한, 우리 의식 내용과 그 대상의 일치 여부를 확인할 수 없기 때문에 인상은 진리 기준일 수 없다. 이런 점 때문에 흄은 사실 문제에 대한 인식의 영역에서 우리는 기껏해야 신념의 단계에 머문다고 한다.

흄의 이와 같은 진리관은 회의주의라는 비판을 받기도 하지만, 다른 한편으로는 새로운 사실의 발견 가능성을 전제함으로써 인식의 무한한 확장 가능성을 보장한다. 동시에 이성이 경험의 한계를 넘어서 무엇이든 무한히 상상할 수 있지만 그 상상이 진리라고 정당화되기 위해서는 '사실'이라는 증거가 있어야 하며, 그렇지 못한 경우에는 그 상상은 이성의 독단에 의한 몽상이며 회의의 원천이라는 것을 논변하기 위한 하나의 전략이기도 하다. 사실 흄은 물체의 존재를 결코 의심하지 않는다. 다만 실체로서의 물체나 정신의 존재를 이성의 허구라고 비판하며, 이성의 허구적 산물들에 대해 이성 자신이 회의적이라는 것을 논변할 뿐이다.

실체의 존재를 옹호하는 실체론자들은, 대체로 우리가 지각하는 물체의 존재와 실체로서의 그 물체라는 두 가지 존재를 모두 전제하는 이중 존재설을 옹호한다. 우리가 지각하는 존재는 변화하고 소멸한다. 반면에 실체로서의 물체는 우리의 지각과 무관하게 지속적으로 동일성을 유지하는 존재이다. 실체론자들은 정신과 물체를 구별하기 위해 물체의 성질을 제1성질과, 제2성질 또는 제3성질 등으로 구별하기도 한다. 견실성(solidity)과 같은 물체 고유의 제1성질과, 색과 같이 지각하는 사람이나 위치에 따라 다르게 지각될 수 있는 제2성질을 구별하여 정신과 물체를 구별한다. 그러나 흄의 입장에 따르면, 감관을 통해 지각되는 것은 모두 감각 인상이므로 그와 같이 성질을 구별함으로써 물체와 정신을 구별할 수 없을 뿐만 아니라, 성질의 종류에 관계없이 그 인상은 사람들이 지각하는 것에 포함되며 소멸한다. 또한 실체라는 감각 지각도 발견할 수 없다. 그러므로 실체론자들이 일상적으로 우리가 지각하는 것과 무관한 성질이라고 주장하는 물체의 독립성·지속성·동일성은 감각 지각을 통해 확보될 수 없다.

그러면 실체로서 물체의 존재라는 관념은 어디서 유래했는가? 우리는 우리가 지속적 존재를 그 속성이라고 생각하는 대상들이 모두 고유의 항상성을 갖는다고 생각한다. 예를 들어 지금 우리 눈앞의 산과 집 그리고 나무 등은 언제나 동일한 모습으로 우리에게 보인다. 눈을 감거나 고개를 돌림으로써 그것을 잠시 보지 않았을 때에도, 우리는 잠시 후에 전혀 변하지 않은 것을 다시 볼 수 있다.

물론 이 항상성에도 예외는 많다. 간혹 물체들의 위치와 성질이 갑작스럽게 바뀌어, 우리가 잠시만 안 보더라도 거의 알 수 없게 될 수도 있다. 그렇지만 여기서 주목할 것은 물체들의 미세한 변화에도 불구하고 그 물체들의 지속적 존재에 관한 의견이 발생하는 것은 매 순간마다 발생하는 지각들의 연속적 관계라는 점이다.

예를 들어 장작 난로를 피워 두고 외출했다가 서너 시간 뒤에 돌아왔을 때 난롯불이 꺼져 있다면 난로의 상태가 변한 것이다. 그러나 한편으로 우리는 외출하지 않았더라도 그 시간 정도 경과하면 난로가 꺼진다는 것을 안다. 우리는 다른 사례들에서 유사한 시간 동안 유사한 변화를 보는 데 익숙하다. 여기서 우리는 변화의 일정한 규칙성이라고 할 수 있는 정합성을 숙지한다. 그리고 이 정합성에서 항상성이 발생한다. 예를 들면 일정한 시간이 지나면 난롯불이 꺼진다는 것을 알더라도, 난롯불이 타오르는 매 순간마다 난롯불의 상태가 한결같다고 생각한다.

흄은 상상력이 변화하는 감각 인상들의 정합성과 항상성을 형성하는 것을 갤리선의 비유를 통해 설명한다. 노를 저어 배를 타고 가다가 잠시 노를 젓지 않을 때도 배가 같은 방향으로 계속 나아가듯, 상상력도 연쇄적 사고 작용에 몰입하면 그 대상이 없어지더라도 계속 작용하는 경향이 있다. 즉 동일하거나 유사한 사실에 대한 경험을 반복하면, 반복 정도와 유사성에 비례하여 그 사실을 강하게 믿게 된다. 그렇지만 상반되는 사실을 경험하면 그 믿음은 약해진다.

사실에 대한 경험인 지각은 정신을 구성하는 요소이다. 정신은 상상력의 우주이며, 이 우주에서 지각들은 서로의 운동·변화·발전의 과정을 결정하는 본질적인 요소로 존재하고, 무한히 다양한 형태와 상황 안에서 혼합된다. 어떤 지각이 일정한 방향으로 운동할 때, 다른 지각의 반작용을 받지 않는 경우에는 동일한 방향과 운동량을 유지할 뿐만 아니라 유사한 다른 지각이 계속 이어지면 운동량도 증가하므로 항상성을 갖게 된다. 그리고 다른 지각들의 반작용을 받는 경우에는 반작용의 방향과 운동량(degree of motion)에 비례해서 원래 지각의 운동 방향과 운동량이 결정되지만 정합성을 갖는다. 그렇다면 여기서 항상성과 정합성의 기초는 동일하다.

외부 대상의 지속성에 대한 우리의 관념은 바로 이 지각의 항상성과 정합성 등에서 발생하며, 이 지속성에서 물체의 독립성에 관한 관념이 발생한다. 대상의 지속성에서 발생하는 동일성의 관념도 지각들의 유사성과 연속성에서 비롯된 것이므로 동일성도 허구적이다. 지각들의 항상성과 유사성에서 우리의 지각과 무관하게 변하지 않는 외부 대상의 동일성 관념이 발생하기 때문이다. 그러므로 외부 대상의 지속성이

나 독립성에 대한 관념은 상상력의 허구라는 것이 흄의 주장
이다.

그러나 흄이 지각될 수 있는 것 외의 다른 외부 존재를 부
정하는 것에 도대체 무슨 의도가 있는지 이해해야 한다. 물
체의 존재를 긍정하는 흄의 어조는 강경하다. 흄에 따르면,
물체의 존재 근거가 무엇인지를 물을 수는 있지만, 물체가 있
는지 없는지를 묻는 것은 쓸데없는 짓이다. 우리가 모든 추
론에서 물체의 존재를 당연한 것으로 받아들이지 않을 수 없
기 때문이다. 여기서 흄이 신념을 두 가지로 구분한 의도를
검토할 필요가 있다. 흄은 신념을 두 가지로 구분하면서 인
상과 관련 없는 신념을 허구로 단정하고, 또 한편으로는 현재
의 인상과 관련된 관념만을 신념이라고 한다.

따라서 흄이 비판하고 있는 물체의 속성들, 즉 독립성과
지속성 그리고 동일성은 실체로서의 물체의 성질들이다. 여
기서 대상들에 대한 지각과 지각의 상호작용 관계를 분석하
고 기술함으로써, 그리고 실체의 성질들에 대한 일상적 신념
이 이성의 독단이라는 것을 밝힘으로써 실체론자들의 입장
을 논박하는 것이 흄의 1차적인 의도라는 점이 드러난다.

실체론을 옹호하는 입장에서 본다면 이와 같은 흄의 논변
은 회의주의이다. 그러나 근거 없는 이성의 독단이 바로 회
의주의의 원천이라는 점에서 독단과 회의의 뿌리는 동일하

다. 즉 독단에 대한 정당화를 모색하는 것도 이성이며, 이 과
정에서 정당화에 다다를 수 없는 이성은 회의주의에 이를 수
밖에 없다.

흄의 인식론에서, 감관을 통해 지각하거나 지각할 수 있는
것은 존재하거나 존재할 수 있으며, 그 역도 성립된다. 따라
서 감각적 지각의 대상은 존재한다. 그러나 존재하거나 존재
할 수 있는 것은 무엇이든 사유하거나 사유할 수 있지만, 사
유하거나 사유할 수 있다고 해서 반드시 그 대상이 존재하는
것은 아니다. 따라서 사유와 대상은 정확히 일치하는 대응
관계가 아니다. 즉 사유는 존재가 아니다. 그렇지만 사유할
수 없는 것은 존재할 수도 없다. 사유의 원천은 경험이기 때
문이다. 감각 경험은 모든 인식의 원천이다. 감각 경험의 원
인으로 간주되었던 물질적 실체는 인식의 대상이 아니라 이
성이 구성해 낸 창조물이며, 경험적으로 정당화될 수 없다면
이성이 독단적으로 구성한 허구이다. 이와 같은 논증은 실체
로서 정신 및 신의 존재에도 적용되며, 이것이 곧 형이상학적
허구에 대한 비판이다.

자연주의

자연주의의 실마리로서 회의주의

흄의 철학적 주저인 『논고』 제1권은, 자연과학의 방법론을 사용하여 인간 본성을 이해하는 것을 정당화하는 한편, 과학적 방법론을 적용할 수 없는 영역에 대해서는 퓌론적 회의주의의 입장을 택하고 있다. 즉 『논고』 제1권에는 퓌론적 회의주의와 자연주의가 공존하고 있으며, 퓌론적 회의주의와 자연주의는 대립적이지 않다. 오히려 흄을 퓌론적 회의주의자 또는 자연주의자라고만 주장하는 것은 편협한 해석이다. 흄은 자신의 자연주의를 기술하기 위한 발판으로 퓌론적 회의주의를 하나의 전략으로 선택했기 때문이다.

흄은 『논고』 제1·2권을 1739년에 간행하고 이듬해 제3권을 간행했다. 그런데 권위 있는 일부 연구자들은 흄이 제2·3권을 먼저 집필하고 제1권을 집필했다고 보며, 흄의 철학을 자연주의로 이해해야 한다고 주장한다. 집필 순서에 대해서는 논란의 여지가 있을지 모르겠지만, 흄이 퓌론적 회의주의를 전략으로 활용한 자연주의자라는 점만은 분명하다.

『논고』 제2·3권에서는 개인의 행동 원리와 사회적 관계를 자연주의적 방식으로 기술하고 있으며, 『논고』의 부제도 '실험적 추론방법을 도덕적 주제에 적용하기 위한 시도'이다. 이런 점에서 집필 순서에 대한 논란과 관계없이 『논고』 제1권의 논변은 인간 본성을 실험적 방법으로 기술한 제2·3권의 내용을 정당화하는 과정으로 볼 수 있다.

흄의 자연주의는 궁극적 원인에 대한 이성적 사변의 산물인 독단주의와 퓌론적 회의주의를 함께 비판하는 데에서 비롯된다. 그렇다고 흄이 자연주의 방법론을 정당화하지는 않는다. 오히려 근거 없는 사변으로 독단에 빠지기 쉬운 이성의 불가피한 선택이 자연주의라는 것이다. 이성이 자연주의 방법론과 한계를 넘어서는 그 순간 이성은 독단에 빠지게 되며, 그 독단의 정당화 문제에서 이성만으로는 모든 문제에 대해 판단을 중지할 수밖에 없는 퓌론적 회의주의로 귀결된다. 그리고 흄은 이 회의주의를 이론적으로 반박할 가능성이 전혀 없다는 점을 인정하지만, 반박할 필요도 없다고 한다.

퓌론적 회의주의는 이론적으로 논박할 수 없음에도 불구하고 일상생활에 전혀 영향을 끼치지 않는다. 이론적으로 퓌론적 회의주의를 논박할 수 없다고 하더라도 일상생활에서 우리는 늘 추론하고 판단하며, 그렇게 하지 않을 수 없기 때문에, 퓌론적 회의주의는 일상생활에서 논란거리조차 되지 않는다. 오히려 우리가 주목할 문제는 '우리가 어떤 방식으로 무엇을 추론하며 판단할 수 있는가' 라는 점이다.

바로 여기서 흄의 자연주의적 방법론은 퓌론적 회의주의로부터 인식론적 정당화 요구를 피할 수 있다. 흄의 자연주의 인식론은 자연주의적 방법으로 진리의 인식 가능성을 모색하는 것이 아니라, 그와 같은 방법으로 진리를 추론하고 판단하는 과정과 그럴 수밖에 없는 이유를 설명하는 것이기 때문이다.

그렇다고 흄이 일상생활의 상식을 맹목적으로 옹호하는 것은 더욱 아니다. 오히려 흄은 일반인들이 감각 지각을 통해 얻은 상식에 대해 철학적 반성을 하리라는 것을 기대조차 하지 않는다. 마치 돌부리에 걸려 넘어진 아이가 자신의 부주의를 탓하기보다는 돌부리를 원망하듯이, 일반인들은 대체로 자신의 경험적 상식 또는 교육을 통한 허구적 신념에 사로잡혀 있지만, 오류를 범하더라도 반성해 볼 생각조차 하지 않는다.

흄은 현실과 동떨어진 사변 철학의 체계를 구성한 철학자들에게 "대지의 혼합물을 한몫 전해주고 싶다"고 한다. 이때 대지의 혼합물은 '관찰할 수 있는 세계에 대한 경험 내용'을 의미한다. 이것은 지나친 지적 호기심에서 비롯된 사변적 체계들이 그럴듯하게 여겨지더라도 일상적 실천과 경험에 적합한 어떤 안정된 원리나 소감을 부여하지 못하는 것은 일상적 실천과 경험을 도외시했기 때문이라는 것이다. 흄은 자연주의적 방법론을 통해, 비록 참이 아니라 할지라도 적어도 우리 정신을 만족시켜 주고 비판적인 검토를 견뎌낼 수도 있는 의견들의 체계를 수립하려는 것이 자신의 목적임을 은근히 밝히고 있다.

흄의 회의주의는 '자신의 판단을 보류하는 것 이외에 아무 주장도 하지 않으면서, 모든 사안에 대해 논쟁을 일삼는 기술' 이라는 베일(P. Bayle, 1647~1707)의 퓌론적 회의주의와는 전혀 다르다. 어떤 문제에 대해서도 그 답이 무엇인지 확실하게 결정할 합리적인 추론의 기초가 없다는 것이 흄의 회의주의적 논변의 주제이다. 그렇다고 해서 경험을 논거로 삼을 수도 없다. 경험을 논거로 삼을 수 없는 이유는 경험이 논증의 대상이 아니며 경험 자체가 불확실하기 때문이다. 그럼에도 불구하고 우리가 경험을 근거로 일상생활에서 추리하고 판단할 수밖에 없는 것은 '이성의 권리' 가 아니라, 합리주의자들이 보기에는 이를 데 없이 참담한 '이성의 운명' 이다.

바로 이것이 흄이 회의주의를 통해 논변하려는 주제이다. 흄의 퓌론적 회의주의는 인간의 인식 조건에 대한 해명을 통해 인간이 추론하고 판단하는 원리에 대해 설명한다는 점에서 모든 것에 대해 판단 중지를 요구하는 고대의 퓌론적 회의주의와 구별된다.

그런데 일상적 생활에서 추리하고 판단하는 것이 왜 이성의 권리가 아니라 이성의 운명인가? 인간 본성에 뿌리내리고 있지만 합리적으로 설명될 수 없고 정당화될 수도 없는 신념이 우리 삶의 지침을 지배한다. 그러나 사실 문제가 논증의 대상이 아닌 한, 이성은 사실 문제에 대해 진리 주장을 할 수 있는 어떤 권리도 가질 수 없고, 이 신념 이외에 우리가 회의주의의 늪을 헤어날 대안도 없으며, 그렇다고 일상생활에서 회의주의에 머물러 있을 수도 없다. 그런데 바로 이 신념의 원인은 우리의 이성이지만, 분석적·계산적 이성은 사실 문제에 관한 한 어떤 권리도 가질 수 없다. 그럼에도 불구하고 신념을 정당한 것으로 받아들이는 것은 이성의 자연적 결과이기 때문이다. 흄은 진리를 이성의 자연적 결과라고 한다. 이때의 '자연적 결과'는 '자연의 원리'에 따른다는 것이다.

이때 이성은 반성적 사고 능력으로서의 이성이 아니라, 일종의 본능적 직감(instinct)이며 상상력이다. 흄에 따르면, 이성은 우리 영혼에 있는 놀랍고도 이해할 수 없는 직감이며, 이 직감은 우리가 일련의 관념들을 따라가게 하며, 그 관념들의 개별적 상황과 관계에 따라, 그것들에게 개별적 성질을 부여한다. 이 직감은 과거의 관찰과 경험에서 발생한다. 하지만 과거의 경험과 관찰이 그와 같은 결과를 낳는 이유에 대해 어떤 궁극적인 이유도 제시할 수 없다. 과거의 경험과 관찰에서 비롯된 습관은 자연의 산물이며, 자연의 원리 가운데 하나이다.

여기서 이성이라는 것은 과거의 경험이나 관찰 사례들로부터 자연의 원리인 연합의 원리에 따라 자동적으로 인과 추론을 수행하는 것으로 재정의된다. 그리고 비록 이 '직감'이 오류 가능성을 포함하고 있다고 하더라도, 우리는 어쩔 수 없이 이 직감에 따라 판단하고 행동할 수밖에 없다. 이런 점에서 흄은 진리 개념을 재정의하고 있다. 즉 진리는 경험의 한계 바깥에 있는 존재와 관계있는 것이 아니라, 감각 경험을 통해 주어지는 존재와 관계있다. 바로 이런 점에 흄의 철학 체계가 현대적 자연주의로 해석될 수 있는 실마리가 있다.

존재론적 자연주의

오늘날의 자연주의란 무엇인가? 왜 흄의 철학적 입장을 현대의 자연주의로 해석할 수 있는가? 『철학백과사전 *Encyclopedia of Philosophy*』에 기고한 단토(Arthur C. Danto)의 자연주의 정의에 따르면, "자연주의는 일종의 철학적 일원론으로서,

존재하거나 발생하는 것은 무엇이든 대상들과 사건들의 영역 간에 연속적인 방법들을 통해 설명될 여지가 있다는 점에서 자연적이다. 그리고 이 방법들은 자연 과학 안에서 패러다임적으로 예화된다. 따라서 자연주의는 원칙적으로 과학적 설명의 영역 외부에 어떤 것이 존재하거나 존재할 수도 있다는 견해를 반박하는 것으로 정의된다. 그 밖의 모든 측면에서 어떤 종류의 실재가 우주에 존재해야 하는지, 그리고 얼마나 많은 독립적인 사건들이 발생하는 것으로 우리가 가정해야 하는지 등을 규정하지 않는다는 점에서 자연주의는 존재론적으로 중립적이다.”

자연주의에 대한 단토의 설명은 자연주의의 존재론적 특성과 방법론적 특성을 함께 정의한다. 흄의 경우에 인상은 존재론적 자연주의를 충족시키는 개념이다. 흄의 인상 개념은 과학적 설명의 한계 개념이며, 이 인상을 넘어서 우리는 어떤 종류의 실재가 존재해야 하는 것으로 규정할 수 없고, 또 인상은 시간과 공간의 방식으로 현상한다(appear).

뿐만 아니라 우리의 감각 인상은 우리가 경험하는 사실들이다. 그리고 욕망 등과 같이 모든 정념은 근원적 존재이며 표상이 아니고, 근원적 사실이자 실재이다. 따라서 흄은 존재론적 일원론자라는 점에서 존재론적 자연주의자이다. 그리고 데카르트처럼 초월적 존재를 인정하는 입장에서 볼 때,

인상을 넘어서는 초자연적인 세계나 초자연적인 세계의 존재로부터 야기되는 사건의 존재를 인정하지 않는다는 점에서 흄은 존재론적 회의주의자이다.

이와 같은 흄의 회의주의는 데카르트류의 실체론에 대한 비판이며, 이성의 독단에 대한 경종이다. 흄의 존재론적 회의주의는 근대의 존재론적 자연주의이다. 아가시(J. Agassi)에 따르면, "베일에 의해 정립된 용어인 전통적 의미의 자연주의는 간명하며 모든 초자연적 개입을 배제한 세계관을 가리키고, 또 막스 베버가 사용한 것과 같은 의미에서 계몽된 세계관을 가리킨다."

흄의 철학을 존재론적 자연주의로 보는 것이 오늘날의 지배적인 시각이라면, 존재론적 회의주의로 보는 것은 흄 시대까지의 지배적인 시각이라고 할 수 있을 것이다. 따라서 이 두 평가는 서로 배타적인 것이 아니라 철학사의 맥락에 따라 정당성을 획득하며, 시대적 상황을 고려하지 않는다면 흄은 자연주의자이자 회의주의자이다.

여기서 흄 철학의 철학사적 의의를 발견할 수 있다. 즉 흄은 형이상학적 실체론자들의 초월적 존재에 대한 인식 가능성을 철저히 부정할 뿐만 아니라, 그와 같은 존재를 상정하지 않더라도 세계와 인간의 존재론적 기반을 충분히 이해하고 설명할 수 있다고 주장한다. 다만 철학사의 맥락을 배제한다면, 흄의 철학을 존재론적 자연주의라고 하든, 존재론적 회의주의라고 하든, 그 기준은 동일하다.

즉 흄이 인정하는 세계는 우리가 경험할 수 있는 세계이고, 또 이 경험할 수 있는 세계에서는 모든 인상들이 시공간의 방식으로 현상하기 때문에, 우리가 경험할 수 있는 세계는 시공간의 방식으로 존재하는 것들로 구성된 세계이다. 자연주의자로서의 흄의 세계는 경험 가능한 영역으로 한정되어 있고, 이 세계 안에서 존재와 사건들이 인과적으로 얽혀 있다. 흄의 경우에 우연이라는 것도 비밀스럽고 숨겨진 원인의 결과로 간주될 수 있기 때문이다. 따라서 흄의 자연주의적 입장에서 볼 때 시공간적 세계 내의 모든 존재와 사건들의 원인은 시공간 세계 내에 존재해야 하며, 시공간적 세계 외부에서 이 자연 세계의 원인으로 작용할 수 없다. 그리고 자연 세계 안에서 모든 대상과 현상에 대해 설명할 수 있다면, 설명을 위해 시공간 외부의 세계를 설정할 필요도 없다.

자연주의의 또 다른 개념에 따르면, 자연에 존재하는 것들은 미립자와 같은 최소 단위의 작은 물질들이 모여 원자를 이루고, 이 원자들이 모여 분자를 이루며 이 원자와 분자들이 보다 큰 물질이나 세포를 이룬다. 그리고 이 물질이나 세포들이 모여 개체나 집단 또는 가족과 공동체를 이룬다. 이때 미립자나 원자 등은 그것이 구성하는 다양한 집단에 속하게 된다.

예를 들면 나의 몸을 구성하는 미립자는 세포의 구성원이며, 동시에 그 세포로 구성된 장기의 구성원이고, 나아가서 장기들로 구성된 '나'라는 개인의 구성원이다. 그리고 '나'는 가족의 구성원이고, 직장의 구성원이며, 학교 동창회의 구성원이고, 산악회의 구성원일 수도 있다. 이처럼 자연주의적 존재론에서 존재하는 것은 다중적·다원적 구조를 이루고 있다. 그리고 이런 다중적이고 다원적으로 존재하는 것들은 그 구성 단계에 적합한 속성과 기능들을 갖는다. 이처럼 다원적이고 중첩적이라는 오늘날 자연주의 세계관과 흄의 세계관은 어떤 유사성이 있는가?

일례로, 흄에게 있어서 인간은 신체적 존재이다. 신체의 해체는 신체를 구성하는 요소들이 분해되는 것이다. 이 신체는 극단적으로 말해서 미립자들로 구성된 것이다. 이때 미립자를 흄의 단순 인상으로 보아도 별 무리가 없다. 과학사에서도 원자를 최소 단위의 물질로 간주했던 시대가 있었다. 그러나 관찰 수단의 진보로 이제 미립자까지 거론한다.

그리고 앞서 밝혔듯이 흄에게 있어서 단순 인상은 확정적인 것이 아니다. 관찰 수단의 진보에 비례해서 단순 지각은 더욱 세분될 것이다. 감관을 통해 식별할 수 있는 한계가 곧 단순 지각이기 때문이다. 이 단순 지각들로 구성된 인간은 신체적 욕망인 성욕(lust)을 통해 혈연관계를 형성하며, 나아가서 지역적 공동체를 구성하고 사회를 형성한다. 그리고 이 각 단계들은 그 구성 단계에 적합한 속성들을 갖는다고 할 수 있다. 각 개인의 개성이 있고, 가족 단위나 공동체 단위의 속성들이 있기 때문이다. 이 모든 관계에 일관되게 적용되는 것이 연합의 원리이다.

예컨대 성향은 하나의 합일체를 구성하는 요소들 간의 역학 관계에서 나타난다. 그리고 이 역학 관계는 연합의 원리를 통해 해명된다. 따라서 다중적이고 중첩적인 세계의 구성 원리를 연합의 원리라고 할 수 있다.

인식론적 자연주의

인식론적 측면에서 인상이라는 개념은 '우리가 어떤 신념을 가져야 하는가' 라는 물음을 무의미하게 만들 뿐만 아니라 인식론적 자연주의자들의 물음, 즉 '우리가 어떤 신념을 어떤 방식으로 갖는가' 라는 물음에 답하고 있다. 즉 인상은 외부 대상을 표상하는 것이 아니기 때문에, 외부 대상과 인상 간의 대응 관계를 확인할 방법은 결코 없다.

따라서 흄의 인상 개념은 경험의 독단에 대한 비판 근거로서 상식에 맹종하는 일상적 태도에 경종을 울린다. 그리고 우리가 언제나 상식을 비판하고 교정할 수밖에 없는 이유를 설명하는 근거이기도 하다.

이 물음에 대한 대답은 설명적일 수밖에 없고, 인상은 이 설명의 토대이다. 그런데 흄의 경우에 인상은 인식의 영역에서 신념을 산출하거나 도덕이나 미의 영역에서 평가를 산출하는 메커니즘 또는 메커니즘의 구성 요소이다. 이 경우 인상은 신념을 설명하는 개념이지 정당화하는 개념은 아니다. 적어도 흄의 입장에서 보면, 인상을 기초로 신념을 가질 수 있다. 그러나 인상이 신념에 대한 정당화의 근거가 될 수는 없다. 바로 이런 점에서 흄은 토대론자가 아닌 인식론적 자연주의자로 평가될 수 있다. 따라서 인상은 신념의 발생 과정, 즉 '신념의 자연사'를 기술하는 인식론적 자연주의의 기초이다.

다른 한편으로, 인식론적 자연주의는 환경에 적응하기 위한 도구적 유용성을 기준으로 인식을 평가한다. 이 기준에 따르면, 흄의 인식 능력으로서의 이성은 정념과 상반될 수 없을 뿐더러, 정념을 위해 봉사한다는 점에서 인식론적 자연주의자들의 인식 평가 기준을 충족시킨다.

흄에 따르면, 내 손가락의 생채기보다 전 세계의 파멸을 택하는 것이 이성과 상충되지 않으며, 낯선 사람의 편의를 위하여 나 자신의 파산을 선택하더라도 이성과 상충되지는 않는다. 이것은 도대체 무슨 뜻인가? 오직 정념이 실재하지 않는 대상의 존재를 가정했거나, 목적을 충족시킬 수 없는 수단을 선택한 경우에만 불합리하다는 평가를 받을 수 있다.

예를 들어 어떤 고위 공무원이 직위를 이용하여 몰래 아들의 병역의무를 부당하게 면탈시켰더라도 이는 결코 불합리하지 않다. 오직 발각될 수밖에 없거나 의혹의 대상이 되어 자신의 의도와 달리 불이익을 받는 경우에만, 불합리한 선택을 한 것이다. 또 학벌 중심주의가 심각한 한국 사회에서 다른 사람보다 풍족하고 자유로운 삶을 위해 대학에 진학했는데, 인맥 관계에서 오히려 불이익을 받아 졸업생 대부분이 막노동으로 생활하거나 전공과 무관한 저임금 직업에 종사하는 대학을 선택한 경우도 마찬가지다. 이 경우에 그 희망이라는 정념의 목적을 실현하기 어렵고, 교육 여건과 학생의 수학 능력은 고려하지 않고 오직 정원 채우기에 급급한 대학이라는 해당 교육기관에 기만 당했기 때문에 불합리하다.

오히려 대학을 유지하는 것 자체가 목적인 경우에, 대학 유지에 필요한 재원을 마련하기 위한 수단으로 학생을 잘 모집해야 한다. 이 경우에 대학이 졸업생 현황과 교육 여건 등을 은폐하고 해당 대학을 졸업하고도 학생 자신의 노력 여하에 따라 희망을 실현할 수 있다고 주장하는 것이 합리적이며, 졸업생들의 취업 현황과 교육 여건 등을 공개하는 것은 불합리하다.

이런 점에서 이성은 정념의 노예일 뿐이다. 즉 이성은 진리를 인식하고 자신의 자유의지에 따라 정념을 지배하는 것이 아니라, 사실을 분석하고 계산적 추론을 함으로써 정념의 실현을 위해 봉사할 뿐이다.

방법론적 자연주의

자연주의에 대한 단토의 설명에서 언급되었듯이, 자연주의는 방법론적으로 일원론이다. 방법론적 자연주의는 자연 과학의 방법을 그 밖의 모든 영역 즉 인간, 사회, 역사 등에 적용할 수 있다는 견해이다. '실험적 추론 방법을 도덕적 주제에 도입하기 위한 시도'라는 『논고』의 부제가 말하듯이, 흄은 근대 과학의 방법론을 통해 자신의 인간학을 완성하고자 한다.

이때의 과학적 방법론이 근대 자연 과학의 실험과 관찰이라는 점은 널리 알려진 사실이다. 그리고 흄이 말하는 인력은 뉴턴의 만유인력 개념에 해당하는 것이며, 연합 원리는 뉴턴 역학이다. 그리고 물리적 세계에 작용하는 역학적 원리를 인간 본성을 이해하는 데 그대로 적용하여 인간의 본성을 과학적으로 이해할 수 있다.

흄에 따르면, 뉴턴 역학과 같은 연합 원리는 상상력이라는 우주 안에서 자동적으로 실행된다. 이처럼 의식의 우주 안에서 원자적 지각들이 물리적인 운동 법칙을 통해 이합 집산하는 과정들을 실험적 추론의 방법으로 설명한다는 점에서 흄의 견해는 방법론적 자연주의이다. 흄의 경우에 올바른 방법은 사물에 대한 이론화가 아니라, 사물을 우리가 일상생활에서 경험하는 대로 기술하는 것이다.

『논고』의 제1권은 회의주의를 사용하여 기존의 존재론과 인식론을 비판하며 자연주의적 방법으로 신념의 발생 과정을 기술하고, 제2권은 감정들의 상호 작용을 운동 법칙으로 설명함으로써 인간의 정신 작용과 행동 원리를 설명한다. 그리고 제3권은 제1·2권을 근거로 자연적 측면과 사회적 측면에서 인간의 존재 방식과 가치의 기원을 논하지만, 그 기초는 자연적인 것이라는 점을 구명한다.

그런데 이와 같은 논의에서 일관되게 적용되는 것은 이성이 개입된 관념 연합의 원리이며, 여기서 흄은 경험적 기술의 방법을 택하고 있다. 그리고 이 관념 연합의 원리는 이성이 개입된다고 해서 달라지지 않는다. 이성의 반성 작용은 반대의 경험을 통해 이루어지며, 경험의 제약을 벗어날 수 없기 때문이다.

그렇다면 흄은 존재론적으로든 인식론적으로든, 혹은 방법론적으로도 일관된 자연주의자이다. 흄이 이 일관된 자연주의의 입장을 유지할 수 있는 것은 자연의 원리, 즉 연합 원리 때문이다. 또 더 이상 나눌 수 없는 입자들이 연합 원리를 통해 다중적이고 중첩적인 세계를 구성하고 있으며, 이 세계 내부의 존재와 사건들은 모두 이 연합 원리에 따라 생멸하고 있다.

그리고 이 세계에 대한 인식의 문제에 있어서도 마찬가지로 연합 원리를 통해 신념이 형성된다. 뿐만 아니라 이와 같은 신념의 형성 과정을 설명하는 방법 또한 실험과 관찰이라는 근대 과학 고유의 방법을 모든 영역에 적용하고 있다. 초월적 세계에 대한 인식 가능성을 부정함으로써 흄은 실험과 관찰의 방법을 일관되게 적용할 수 있었다. 자연적 성향(disposition, inclination, tendency, propensity)과 신념의 형성 원리, 그리고 반성 작용이 수행되는 원리 등에 공통적인 연합의 원리를 통해 흄 자연주의의 일관된 특성을 파악할 수 있다.

바로 이것이 인간 본성에 관한 흄의 연구 결과 중 한 가지이다. 그리고 모든 학문은 인간 본성과 관련되어 있다는 점에서 연합의 원리는 모든 학문의 기초 원리이다. 흄은 인간 고유의 성향에 따라 자연주의를 모든 학문의 기초로 마련했다.

일반 규칙

유사한 경험의 반복은 습관을 형성하며, 이 습관은 일반화된 규칙이다. 흄은 일반화된 규칙을 일반 규칙이라고 하며, 정신의 성향은 오직 일반 규칙을 따른다고 말한다. 그런데 일반 규칙은 반복적 경험의 결과, 즉 습관의 결과로서 신념의 원천임에도 불구하고 오류와 선입견의 원천일 수도 있다. 이것은 일반 규칙의 확장적(extensive) 기능과 교정적(corrective) 기능 때문이다. 즉 우리는 대상들 사이의 연관 관계에 대한 과거의 경험을 토대로 형성된 일반 규칙을 통해 미래에도 동일한 것을 기대한다. 일반 규칙을 통해 미래에도 동일한 것을 기대하는 것은 현재 경험을 넘어서 확장하는 것이다. 이 확장은 상상력의 작용이다. 그런데 우리가 일반 규칙을 통한 추론을 제약 없이 확장할 때, 이 일반 규칙은 선입견과 오류의 원천이 된다. 그러나 일반 규칙 자체도 교정된다. 상반된 경험을 통해 일반 규칙은 교정되거나 제약된다.

일반 규칙은 확실성의 근거는 아니며 기껏해야 개연성을 제공할 뿐이다. 그럼에도 불구하고 우리가 이 일반 규칙을 따를 수밖에 없다는 점에서 일반 규칙은 규범적이다. 예를 들어 직장인들은 '내일 오후 5시에 직장에서 일을 마치고 퇴근할 것이다' 라는 것이 확실하지 않음에도 불구하고, 그것을 사실로 믿지 않을 수 없다. 만일 그것을 사실로 믿지 않는다면, 내일 퇴근 후의 일에 대해 아무것도 결정할 수 없기 때문이다.

그런데 한 달여 전까지 퇴근 시간이 비교적 일정했지만 최근 들어 빈번하게 1시간가량 퇴근이 늦어지는 일이 잦아졌다면, 퇴근 시간과 관련된 일반 규칙은 불규칙한 퇴근 시간의 빈도에 비례하여 약화된다. 일반 규칙이 상반된 경험을 통해 교정된다는 것은 곧 일반 규칙의 자율성을 의미한다. 흄은 『논고』의 제2·3권에서도 이 불가피한 일반 규칙을 마련하고 이 규칙에 따라 인간의 정신과 행동 원리 및 인간 상호 간의 자연적 관계와 사회적(반성적, 인위적) 관계를 설명한다.

개인의 자아와 사회

자아는 정신?

근대 유럽의 시민사회는 한 인간을 개인으로 이해하는 것을 전제로 성립되었다. 사유하는 자아의 존재를 실체라고 한 데카르트에게서 개인의 자아에 대한 자각이라는 근대성을 발견할 수도 있을 것이다. 그렇지만 데카르트의 자아 개념은 추상적이기 때문에 구체적 개인이라는 의미가 분명하게 드러나는 것 같지는 않으며, 오히려 당시 계시종교의 영혼 불멸설 등을 쉽게 설명하기 적합할 듯하다. 데카르트의 자아 개념보다는 홉스나 흄의 자아 개념에서 근대적 개인 개념과 시민사회 개념이 더욱 분명하게 드러난다.

앞에서 이미 살펴보았듯이, 모든 지각 작용의 원인은 감각 인상이다. 어떤 사실에 대한 우리의 신념은 그 신념에 대응하는 감각 인상을 갖거나 가질 수 있어야 한다. 흄은 자신의 제1원리를 통해 단순하고 불변적 자아의 관념과, 그것에 대응하는 인상이 있는지 묻는다. 이것은 곧 단순하고 불변적인 실체로서 자아의 존재를 부정하는 것이다.

이런 점에서 흄은 자아의 존재를 부정했다는 평가를 받는다. 그러나 흄은 자아의 존재를 부정하지 않았다. 흄은 '자아'를 단순하고 불변적인 실체가 아니라, 다양한 요소들이 연합 원리에 따라 합일된 통일체라고 설명한다. 즉 기존의 자아 개념이 정당화될 수 없을 뿐더러, 우리 삶에 대한 관찰을 통해 '자아'의 문제를 기술하면 기존의 자아 개념이 틀렸다는 것이다.

흄에 따르면, "인간(mankind)은 서로 다른 지각들의 한 다발이거나 집합일 뿐이며, 이 지각들은 생각할 수 없을 정도로 빠르게 서로 계기하며 영원히 흐르고 운동한다. …… 우리 눈은 우리 지각들을 변화시키지 않고는 안와(眼窩)에서 운동할 수 없다. 사유는 시각보다 더 가변적이다. 다른 모든 감관과 직능들(faculties)은 이 변화에 기여한다. 단 한순간이라도 변화 없이 동일한 것으로 남아 있는 영혼의 유일한 능력은 없다. 정신은 일종의 극장이다." 흄은 내부적 성찰을 통해 불변적이고 단순한 실체로서 자아 개념을 가변적이고 복합적인 자아 개념으로 대체했다. 그리고 이와 같이 기술하면서 자아 개념을 영혼·정신 등과 혼용하기도 한다. 지각의 기원이 감각 지각이라는 점에서 감각 기관인 신체 없는 자아의 존재를 상상할 수도 없다. "내가 죽어서 나의 지각이 모두 없어지고, 나의 신체가 해체된 다음부터 나는 생각할 수도 볼 수도 느낄 수도 미워할 수도 없다면, 나는 완전히 사라질 것이다."

또 흄은 쾌락과 고통이 영혼에서 발생한다고 하든 신체에서 발생한다고 하든 무관하다고 한다. 여기서 흄이 정신을 지각의 다발이라고 하든, 혹은 인간을 지각의 다발 또는 존재의 다발이라고 하든, 모든 지각은 신체적이라고 주장하는 것으로 이해할 수 있다.

여기서 죽음은 곧 신체적 죽음을 가리키는 것이며, 신체의 해체는 곧 "상이한 지각이나 존재들로 이루어진 정신이라는 한 체계"의 해체를 가리킨다. 영혼이든 정신이든, 흄에게서 신체와 분리된 존재는 생각조차 할 수 없다. 그러므로 신체적 죽음을 부정할 수 없는 한, 영혼의 불멸이나 독립성 등도 부정된다. 우리의 자아가 상이한 지각들이나 존재들로 이루어진 하나의 체계라면, 그 체계를 구성하는 지각이나 존재들의 끊임없는 상호작용 때문에 이 자아는 언제나 변화할 수밖에 없다. 그러므로 흄이 주장하는 자아 개념에는 단순성이나 불변성의 여지가 없을 뿐만 아니라 자아는 언젠가는 해체되어야 하는 존재이다.

흄은 편의상 상상력이나 사유의 측면에서의 자아와, 정념과 관심의 측면에서의 자아를 구분했지만, 실제로 자아를 이처럼 구분하지는 않는다. 다만 '이성'이나 '사유'만으로서의 자아의 존재를 부정하기 위해 자아 개념을 위와 같이 구분했으며, '이성 중심'의 자아 개념을 '정념 중심'의 자아 개념으로 전환한다. 이미 밝혔듯이, 이성과 상상력을 구별하지 않으면서 직감이라고 할 때, 이 이성이나 상상력은 별도의 특별한 직능이라기보다는 오히려 역학 관계에 따르는 지각들의 운동을 의미한다. 우리가 추론하고 상상하며 판단하는 것은 역학 관계에 따르는 지각들 고유의 운동이기 때문이다.

외부 대상에 대한 지각들의 역학 관계에 따라 직감적으로 그 대상에 대한 신념이 형성되듯이, 정념들 상호 간의 역학 관계에 따라 의지가 결정된다. 즉 자아의 의지는 이성이 아니라 정념에 의해 결정된다. 자아의 자발적 행동은 의지의 실천이다. 간단히 말해서 흄이 말하는 자아는 신체의 생리적 반응을 통해 외부 대상들을 지각하며, 이 반응들의 역학 관계에 따라 행동하는 존재로 규정할 수 있을 것이다. 따라서 이런 자아 개념의 기초는 신체이며, 이 자아를 순수한 정신적 존재로서의 자아 개념과 구별해서 신체적 자아라고 불러도 무방할 것이다. 이는 이성주의자들이 대체로 정념을 신체의 수동적 반응으로 해석하기 때문이기도 하다.

이 신체적 자아 개념은 이성이나 사고의 주체로서의 자아의 의미를 배제하지 않는다. 흄에 따르면, "이성은 정념의 노예이며 노예일 뿐이어야 하고, 정념에게 봉사하고 복종하는 것 이외에 어떤 직무도 탐낼 수 없다." 이성이나 상상력이 정념들 상호 간의 역학 관계에서 결정되는 의지 형성에 기여하는 것으로 전환된다. 흄이 정신 또는 인간을 '지각이나 존재의 다발'이라고 정의할 때, 이 지각 안에는 정념이나 감각 지각 그리고 관념 등이 모두 포함되어 있다.

흄이 의식을 '상상력'의 우주라고 할 때, 이 우주는 우주의 원소들인 지각들의 역학 관계에 따라 끊임없이 스스로 변화한다. 이 지각들의 변화를 주도하는 것은 정념이다. 즉 인간의 삶을 지배하는 것은 이성 자체가 아니라 정념이라는 것, 바로 이것이 흄이 『논고』에서 주장하는 자아 개념의 특성 중 한 가지이다. 정념이나 관심 등의 주체인 자아는 하나의 신체 안에서 자연의 원리로 구성된 심신 단일체로서의 자아와, 사회적 관계에서 권리와 책임의 주체로서의 자아 등으로 구분된다.

이때 심신 단일체로서의 자아는 신체와 별개인 정신의 존재를 인정하지 않는다. 앞에서 밝혔듯이, 흄의 경우에 정신은 외부 대상에 대한 신체의 직접적인 생리적 반응이거나, 그 반응들끼리의 상호 작용으로 파생된 것일 뿐이기 때문이다.

자아와 타자

흄은 지각 다발설에 담긴 자아의 복합성을 통해 자아의 다중적이고 중첩적인 구조를 드러내고 있다. 이 다중적이고 중첩적인 구조는 관계의 다양성 때문이다. 즉 '나'는 수많은 입자들로 구성된 합일체(unity)이지만, 동시에 자연적으로나 사회적으로 다양한 관계들 안에서 다른 합일체를 구성하는 원소이다. '나'의 존재 방식을 결정하는 연합의 원리는 '나'의 지각들 사이에서만 작용하는 게 아니다. '나'와 타자의 관계에서도 이 연합 원리는 작용하기 때문이다. 즉 '나'에게 다른 사람의 인상이 주어진다는 것은 곧 그 원인으로서 다른 사람의 존재를 의미한다.

다른 사람과 '나'의 다양한 관계에 따라 '나'는 다중적이고 중첩적인 구조를 갖는다. 앞에서 살펴보았듯이, 흄은 지각의 기원에 대한 해명을 통해 신체를 자아의 주요 요소로 도입하고, 정념을 중심으로 지각들의 역학 관계를 분석해 인간의 행동 원리를 해명할 수 있는 계기를 마련한다. 흄은 이처럼 단순성을 복합성으로 대체함으로써 욕망과 행동의 주체로서의 자아 개념을 도입한다.

복합체로서의 자아는 그 구성 요소들이 자연적 관계에 따라 스스로 운동하며 이합 집산하는 합일체이다. 그러나 다른 것과의 관계나 정념 없이는 합일체로서의 자아가 존재할 수 없다. 흄에 따르면, "다른 모든 대상과 독립된 우리의 자아는 실제로 무(無)이다. 바로 이런 이유 때문에 우리는 외부 대상에게 관심을 돌리지 않을 수 없고, 또 우리와 가까이 있거나 유사한 것을 가장 관심 있게 생각하는 것도 자연스럽다."

그러나 자아가 어떤 정념의 대상일 경우에, 이 정념이 소멸될 때까지 자아에 대한 고려를 중단하지 않는 것은 자연스럽지 않다. 이 주장에 따르면, '나'는 타자와의 관계를 통해 비로소 존재하고, 정념을 통해 '나'를 확인하므로, 정념이 존재하지 않는 한 '나'도 존재하지 않는 것처럼 생각할 수도 있을 것이다.

그러나 흄은 유사성에 기초를 둔 공감(sympathy)의 원리를 거론하며, 이 공감의 원리를 통해 우리 자신의 인격에 관한 관념이 형성되는 과정을 설명한다. 그리고 이 공감의 작용에 필요한 유사성을 통해 관념은 인상으로 전환된다. '나'의 관념은 공감의 관계를 통해 형성되고, 정념이 수반되는 경우에 이 관념은 언제나 인상으로 전환된다. 그리고 정념은 관념에서 인상으로 전환되므로 정념의 대상으로서 '나'의 존재는 간헐적으로 자각되지만, '나'에 대한 관념은 언제나 존재한다.

『논고』 제2권에서 흄은 정념과 자아, 그리고 정념의 원인 등 세 요소 사이의 관계를 다음과 같이 설명한다. "긍지(pride)와 소심(humility)은 발생하자마자 곧 우리의 주의를 우리의 자아에게 돌리며, 우리의 자아를 그 정념의 궁극적이고 최종적인 대상으로 간주한다." 여기서 긍지와 소심, 사랑과 미움 등은 다른 정념에서 파생되는 간접 정념이다. 이 간접 정념은 자신을 유발하는 원인(subject)과 자신이 향하는 대상으로서의 관념 사이에서만 존재한다. 이 간접 정념은 직접 정념이나 관념이 그 원인이다. 직접 정념은 자신이 가진 능력이나 소유물에서 발생한다.

예를 들어 내가 소유한 멋있는 사냥개는 내가 다른 사람에게 긍지라는 간접 정념을 갖는 원인이며, 이 사냥개의 멋있음에서 발생한 긍지라는 정념의 대상은 '나' 이다. 그리고 무능한 나의 가족은 '소심' 이라는 간접 정념의 원인이며, 소심의 대상은 '나' 이다. 그리고 무능한 그 가족은 나에게 '미움' 의 대상으로서 나와 다른 사람이다. 출세한 아버지는 가족들에게 긍지의 원인이고 긍지의 대상은 '나' 이지만, 나의 아버지는 나에게 속하지 않는 사람으로서는 '사랑' 이라는 정념의 대상이다.

여기서 긍지와 소심이 향하는 대상의 관념은 '나' (자아)이며, 사랑과 미움이 향하는 대상의 관념은 다른 사람(타자)이다. 긍지와 소심의 대상은 나이고, 사랑과 미움의 대상은 다른 사람이라는 이유나 원인에 대해 흄은 논변하지 않는다. 그렇지만 긍지와 소심의 원인으로서 나의 가족은 나를 구성하는 요소로, 또 사랑과 미움의 대상으로서 나의 가족은 나와 다른 한 독자적 인격이라고 볼 수 있을 것이다.

흄의 설명에 따르면, 우리가 상상력 속에서 갖는 복합체로서의 자아 관념은 간접 정념을 매개로 지각되고, 정념의 대상으로서 자아 관념은 인상으로 전환된다. 흄의 지각설에 따르면, 정념의 영역에서 관념은 인상으로 전환될 수 있다. 따라서 다른 사람과의 비교를 통해 형성한 나의 관념을 통해 나의 존재에 대한 인상을 갖는 것은 전혀 문젯거리가 아니다. 다른 사람의 존재와 정념의 문제도 유비라는 공감의 원리를 통해 관념이 인상을 유발한다.

정념의 원인과 정념, 그리고 그 대상 등의 관계를 다음과 같이 도식화할 수 있다.

인상이나 관념(정념의 원인) ― 간접 정념 ― 자아나 타자의 관념(정념의 대상)

위의 도식에서 정념의 원인이 되는 인상이나 관념은 정념의 대상인 자아나 타자 등과 직접적으로 또는 간접적으로 관계있는 것들이다. '나' 와 관계있는 것은 무엇이든 '나의 구성요소' 이고, '타자' 와 관계있는 것은 무엇이든 '타자의 구성요소' 이다. 따라서 위의 도식에서 정념의 원인과 간접 정념, 그리고 정념의 대상 사이에 시간적 계기가 있는 것으로 파악할 수 없다. 정념의 원인이 곧 '나' 또는 '타자'의 구성 요소이기 때문이다.

행동하는 자아

흄의 자아는 신체와 정신 등의 성질들의 복합체이며, 이 자아는 느끼고 행동하는 자아이다. 그런데 관념들의 관계를 비교하거나 연합하는 사유나 상상력만으로는 결코 어떤 행동도 산출하지 않는다. 흄에 따르면, 오직 정념만이 인간 행동에 목적, 의도 또는 목표 등을 제공하는데, 이 목적이나 의도 또는 목표 등에 의해서 관념들이 연합된다. 즉 목적이나 의도에 따라 사유나 상상력이 작동한다. 이것은 정념이 이성을 지배한다는 의미이다.

상상력이 관념들을 연합하듯이, 정념들 사이에도 이와 유사한 연합 작용이 있다. 이것을 흄은 정념들의 유사 연합이라고 한다. 정념들의 유사 연합은 감각의 인상들과 반성의 인상들 사이의 인과적 연속성이다. 고통과 쾌락은 신체적이며 감각의 인상이고 여러 정념의 원천이다. 예를 들어 내가 동료와 함께 고문을 받고 있는 경우에, 나는 함께 고문을 받고 있는 동료의 고통스러운 비명소리에 그의 고통을 공감하며, 공포·분노·적개심·복수심·좌절·비탄·체념 등의 정념을 연쇄적으로 느낄 수 있다. 이와 같이 일련의 정념들이 인과적으로 발생하는 과정이 정념들의 유사 연합이다. 이 정념들은 근본적으로 신체적 쾌락과 고통에서 파생되었음에도 불구하고 역학적 원리에 따라 자체적으로 재생산되고 소멸된다.

흄은 정념들이 상호 작용하는 역학적 원리도 신념의 원리와 마찬가지로 뉴턴의 운동 법칙을 지각들의 운동에 적용하여 설명한다. 예를 들면 욕구나 욕망을 수반하는 감정은 그 느낌이 유사할 때뿐만 아니라, 그 목적을 향한 방향이 대체로 일치하는 경우에 연합이 발생한다. 이 유사성 때문에 인상들의 등방향(parallel direction) 운동이 진행되고, 인상들의 등방향 운동은 인상들을 통합하고 그 힘을 강화한다. 이 인상들의 연합은 유사성에 기초를 두고 있지만 그 반대의 경우에도 일어난다.

예를 들어 이익 때문에 동업자에게 발생한 쾌락은 나에게도 쾌락을 주지만, 경쟁자의 쾌락은 나에게 고통을 유발한다. 경쟁자에게 고통이 발생하면 나에게는 쾌락이 발생한다. 이해관계의 유사성을 토대로 이익 주체들 사이의 일치나 반대 관계에 따라 쾌락과 고통이라는 상반된 인상이 발생하고, 이 인상들의 운동 방향도 일치하거나 반대된다.

정념들 간의 상호 작용을 통해 인간의 의지가 결정된다. 흄은 의지를 정념이라고 했다가 정념이 아니라고 하는 등 일관성 없이 진술한다. 그러나 의지가 정념들의 역학 관계를 통해 결정되며 행동의 원인이라는 점은 분명하다. '내'가 행동할 때 '나'의 행동은 '나'의 의지에 따른 것이다. 그런데 이 의지는 정념의 직접적 결과이다. 흄에 따르면, "고통과 쾌락 따위의 모든 직접적 결과 가운데 가장 주목할 만한 것은 의지이다. …… 의지는 우리가 의도적으로 우리 신체의 새로운 동작을 유발하거나 정신의 지각을 창출할 때 우리가 느끼고 의식하는 내부 인상일 뿐이다."

흄은 자아를 신체적 성질과 정신적 성질들의 복합체라고 한다. 정신은 외부 대상들에 대한 신체 내부의 반응이다. 신체가 외부 대상의 자극을 수용하고 대응하는 과정들이 감각 지각과 반성 지각으로 설명된다. 신체는 감관을 통해 외부 대상의 자극을 감각 지각으로 수용한다. 그리고 수용된 감각 지각들에서 파생되는 정념은 관념들과의 이중 관계를 통해 의지를 결정한다. 이 의지 결정 과정에 관념들 간의 비교라는 사고 작용 또는 이성이 개입되지만, 이 사고 작용 또는 이성은 정념의 도구이다. 그리고 의지에 따라 자아는 행동하며, 이 행동을 통해 외부 대상과 다른 사람에게 영향을 끼친다.

의지는 감각 인상들과 정념들 사이에서 이루어지는 인과적 결정이며, 이 인과적 결정을 위해서는 관찰된 과거 사실들에 대한 관념, 즉 기억의 관념이 필수적이다. 이 관념들에 대한 이성 또는 상상력의 추론이 의지 결정의 한 요소이다. 이 추론의 결과에 따라 우리의 행동도 변하기 때문이다. 그러나 이 추론의 결과가 행동을 유발하는 원인은 아니다. 행동을 유발하는 것은 추리가 아니라 정념이기 때문이다. 다만 정념의 작용이 추리 결과의 도움을 받을 뿐이다.

이성만으로는 의지의 동기가 될 수 없으며, 이성은 의지의 방향을 결정할 때 결코 정념과 상반될 수도 없다. 인간은 자신의 정념에 따라 행동하도록 결정되어 있고, 자신의 정념에 따라 행동했지만 기대와 다른 결과가 나타나는 것은 불합리한 행동을 선택했기 때문이다. 즉 기대와 다른 결과가 나타나는 것은 자신의 과거 경험과 현재 여건에 대한 이성의 분석이나 계산 작용에 문제가 있기 때문이지만, 그렇다고 다른 선택을 할 수도 없었을 것이다. 그러므로 흄에게서는 자유와 필연이 구별되지도 않는다.

쾌락과 고통을 기초로 자아와 타자가 상호 작용하는 과정에는 자기보존 및 자기확장의 성향이 깔려 있다. 자기보존 및 자기확장에 부합하는 것은 쾌락의 원인이고, 반대의 경우는 고통의 원인이기 때문이다. 이 자기보존과 자기확장의 성향은 자아의 측면에서 자기중심성(selfishness)이다. 타자와의 관계에서 이 성향은 합일체의 내부에서 유사성, 인접성, 인과성 등의 연합 원리에 따라 실행된다. 따라서 정념의 측면에서 연합의 원리는 자기보존과 자기확장의 원리이기도 하다.

또 이 연합 원리는 인격들 상호 간에 작용하는 사회화의 원리로 되는데, 그 자연적 기초는 쾌락과 고통이다.

개인과 사회

흄의 입장에서, '나'는 지각이나 존재의 다발이고 지각이나 존재들 간의 연합의 원리에 따라 일정한 성향을 가지며, 욕망과 행동의 주체로 존재한다. '나'는 유사·인접·인과 등 합일의 원리에서 고통을 기피하고 쾌락을 추구하는 성향을 가지고 있다. 이 성향은 자연이 결정한 것이다. '나'는 '나'에게 쾌락을 유발할 수 있는 것만 추구하며 이 과정에 타자를 전혀 고려하지 않을 수 있다. 이 '나'는 자기중심적(selfish)이고 편파적(partial)이므로 욕망의 주체일 뿐이지, 권리의 주체는 결코 아니다. 이 '나'를 '자연적 자아'라고 한다면, 권리의 주체인 '사회적 자아'로서의 '인격(person)'과 구별할 수 있을 것이다. 특히 사회적 자아의 개념은 국가까지도 인격으로 간주한다. 그러면 자연적 자아는 사회적 자아와 어떤 관계에 있는가?

자연적 자아는 타자와의 관계를 '자기중심적'이고 '편파적'으로 고려한다. 흄에 따르면, 정념 가운데 자기중심성(selfishness)이 가장 중요한 요소이며, 인간의 욕구에 비해 재화는 매우 부족하므로 친절과 애정은 매우 제한되어 있다.

따라서 자연적 자아는 자기중심적이며 타자에 대한 관용의 폭도 좁고, 배타적·편파적·타산적(interested)인 성향을 갖는다. 자연적 자아는 타자에 대해 자연적 책임을 갖는다고 하더라도, 자신과의 관계를 중심으로 타자를 고려하므로 유사·인접·인과 등의 관계에 따라 편파성(partiality)을 띠며, 자연적 책임은 근본적으로 자기 이익에서 비롯된다.

부유층이나 권력층 아들의 병역 면탈을 사례로 들어 보자. 우리나라 군대는 사병 개인의 인권이 거의 보장되지 않을 뿐만 아니라, 병역 의무를 수행하는 개인은 사회활동의 기회를 장기간 상실하지만 이에 따른 보상은 거의 없다. 자기중심적으로 이해관계를 따지면 누구든 우리나라에서 병역을 면탈하는 것이 이익이다. 부유층이나 권력층에 속하는 사람이 자기 자식에게 이익이 되는 것을 선택하는 것은 자연적 책임이다.

또 자신의 부나 권력을 매개로 자식의 병역을 면탈할 수 있는 능력을 자식에게 과시함으로써 긍지를 느끼고, 자식에게 존경의 대상이 될 수 있는 기회이기도 하다. 부모의 부나 권력을 이용해서 병역을 면탈한 자식은 그런 부모와 혈연관계에 있다는 것에서 긍지를 느끼고 부모의 독자적 인격을 더욱 존경할 것이다. 오히려 자식을 폭력과 억압과 굴종으로 얼룩진 군대에 보내는 것이 자연적 부덕이다.

'나'와 거리가 먼 다른 사람이 가는 것에는 관심 없고, 어쩔 수 없이 군대에 끌려가서 고생하는 사람들을 보면서 군대에 가지 않을 수 있는 자신의 우월감에 긍지를 느낀다. 그렇지만 '나'와 가까운 나의 자식이나 친척, 친구가 군대 가는 것은 거북하고, 그들을 군에 입대시키지 않을 수 없는 자신의 무능(자연적 부덕)이 혐오스럽고, 그런 자신에 대해 굴욕감을 느끼고 소심해진다.

자기이익에 반하는 어떤 자연적 책임도 없다. 자연적 자아는 자기보존과 자기확장을 위한 사적 욕망의 주체이며, 타자와의 관계를 자기중심적·편파적으로 유지한다. 그리고 이 자연적 자아의 욕망은 끝이 없다. 그런데 자연적 자아의 끝없는 욕망은 개인 상호 간에 충돌할 수밖에 없고, 욕망의 충돌은 자기보존과 자기확장을 전혀 보장하지 못한다. 강자도 약자도 없다. 힘이 약한 자도 뒤에서 몰래 강한 자를 공격할 수 있다. 그리고 자연 상태에서 이러한 행동은 비난의 대상이라기보다는 오히려 슬기로운 행동이다.

따라서 인간은 자신을 보존하고 자기이익을 최대한 보장받기 위해 사회를 구성하며, 자신을 보존하고 자기이익을 극대화할 수 있는 사회적 자격을 유지하기 위해 자기중심성과 편파성을 극복한다. 인간은 사회를 유지하기 위해 공정성을 요구하며 정의의 규칙을 마련한다.

부유층이나 권력층 자식의 병역 면탈 사례를 다시 한 번

살펴보자. 적어도 모든 인간은 평등하다는 전제 아래 시민사회가 성립되었으므로, 권력이나 부가 병역 면제의 수단으로 정당화될 수는 없다. 군대가 필요하다면 사회적 합의를 통해 마련한 정의의 규칙에 따라 개인별로 병역의무를 부과하거나 면제할 수 있을 것이다. 또 사회는 부정한 방법으로 병역을 면탈했을 경우에는 최소한 병역 의무를 마치는 것보다 큰 손해를 감수하도록 도덕적·사회적 책임을 요구한다.

그럼에도 불구하고 다른 사람에게 발각되지 않을 수 있거나 발각되더라도 병역 의무를 마치는 것보다 책임이 덜할 수 있다면, 부정한 방법으로 병역을 면탈하는 쪽을 선택할 것이다. 이 사례를 통해 자연적 자아와 사회적 자아가 연속적이라는 사실을 짐작할 수 있다.

인간이 일반적으로 정의의 규칙을 준수하는 원인도 다름 아닌 자기보존과 자기이익이다. 자기보존과 자기이익이 보장되지 않는다면 사회는 해체될 수밖에 없고, 정의의 규칙도 더 이상 인간이 판단하고 행동하는 도덕적 기준일 수 없다. 따라서 사회적 자아로서의 인격을 권리의 주체라고 할 때, 이 권리도 자기이익에 대한 권리이다. 다만 이 사회적 자아는 자기보존과 이익을 위해 타자의 존재와 이익을 함께 배려하지 않을 수 없기 때문에, 인위적으로 정의의 규칙을 제정하고 이 규칙을 지킨다.

그러므로 사회적 자아 또는 인격의 권리와 의무는 인위적으로 제정된 법률에 따라 규정된다. 자연에는 군대가 없다. 군대는 인간이 자기보존을 위해 구성한 여러 가지 사회조직의 한 종류일 뿐이다. 따라서 이와 같은 사회적 문제를 해결해야 하는 것은 그것을 구성한 인간의 몫이다. 도덕은 개인의 생존을 위한 개인 상호 간의 인위적 규범일 뿐이며 다른 어떤 근거도 없다.

사회적 자아에 대한 정의는 생물학적 인간에게만 적용되는 게 아니다. 권리와 의무의 주체일 수 있는 것은 모두 사회적 자아 또는 인격으로서의 지위를 갖는다. 따라서 흄에게 있어서 국가도 인격이며, 국가와 국가 사이의 권리와 의무는 국제법을 통해 확정된다. 즉 국가는 국제법상의 인격이다. 국가가 인격이라는 것은 앞서 소개했던 흄의 존재론적 자연주의와 일관된다. 즉 존재론적 자연주의에서는 모든 존재가 다중적이고 중첩적인 구조를 갖는다.

흄의 경우에 '나'는 상이한 지각들과 존재들이 하나의 체계로 구성된 합일체이다. 그리고 이 합일체는 보다 확장된 다른 합일체를 구성하는 요소이다. 예컨대 '나'는 가족의 구성 요소이고, 동시에 지연이나 학연 또는 직업 등을 매개로 형성된 합일체의 구성 요소이다. 또 가족은 지역사회라는 합일체의 구성 요소이고, 지역사회는 국가로 확장된다. 그리고

이 합일체들은 구성 요소들의 연합 원리에 따라 의지를 가지
며, 동시에 다른 합일체들과 상호 관계를 갖는다. 따라서 흄
이 국가를 하나의 인격으로 간주하는 정치학자들의 입장에
동의하는 것은 결코 문제되지 않는다.

종교와 신

참된 종교인과 참된 철학자

흄의 『자연 종교에 관한 대화 *Dialogues concerning Natural Religion*』(이하 『대화』) 제1부는 등장인물들 중 필로의 입을 빌려 다음과 같이 시작한다. "과학과 심오한 탐구에 문외한인 일반인들은 학계의 끝없는 논란을 목격하고는 공통적으로 철학을 철저히 경멸하며, 자신들이 교육받은 유신론(theology)에 더욱 집착한다. 학문 연구에 갓 입문한 사람들은 학설들의 증거들이 새롭고 특이하다는 것을 발견하고는 인간 이성에 지나치게 어려울 것은 없다고 생각하면서 모든 장벽을 넘어 사원의 가장 성스러운 곳마저 침해한다."

그런데 이 책은 제12부에서 "학식 있는 사람의 경우에 참된 철학적 회의주의자가 되는 것은 건전한 믿음을 갖는 기독교인이 되는 일차적이고 가장 본질적인 단계이다”라고 끝맺는다. 참된 철학적 회의주의자가 참된 기독교인이 된다는 것은 무슨 의미인가?

흔히 흄을 무신론자로 분류한다. 그렇지만 흄은 궁극적으로 신의 존재를 부정하지는 않는다. 단지 기독교의 초월적 인격신의 존재에 대해 회의주의적 견지에서 비판하고, 다른 한편으로 근대 이신론을 옹호하는 듯한 발언을 할 뿐이다. 그러나 근대 자연 신학에서 자연의 질서로부터 유비적으로 도출된 그 질서의 기획자로서 정신적 존재인 신을 흄이 옹호하지는 않는다. ‘흄이 옹호하는 듯한 신’ 이라고 하는 까닭은 흄이 신의 본성에 대한 자신의 입장을 구체적으로 논변하지 않기 때문이다.

그러나 적어도 흄이 자신의 철학적 주저인 『논고』나 『대화』 『종교의 자연사』 등에서 신의 존재를 부정하지 않을 뿐만 아니라 오히려 긍정한다는 점은 확실하다. 흄이 문제 삼는 것은 신의 존재가 아니라 신의 본성이다. 흄은 『대화』에서 신의 본성에 관한 다양한 견해들을 비판적으로 논의하지만 자신의 견해를 구체적으로 제시하지는 않는다. 흄은 『논고』의 ‘초록’ 에서 이와 같은 문제에 대해 회의주의자의 특권을 내세운다.

이런 점을 고려하면, 유럽 근대라는 시대적 상황과 학문의 관계 및 방법론 등을 근거로 흄의 신 개념을 추정할 수밖에 없다.

계시종교

『대화』는 참된 종교의 본성을 모색하는 흄의 철학적 여정이다. 『대화』의 등장인물들 중 데미아와 클리안테스는 신의 존재를 옹호하고 그 본질을 규정하는 기존의 다양한 입장들을 대변하며, 필로는 회의주의를 하나의 전략으로 삼아 그와 같은 방법과 견해를 비판하는 입장을 취한다. 그러나 클리안테스와 필로가 서로에 대해 우정 어린 충고로 『대화』를 마무리하는 것으로 미루어 보아, 흄의 의도가 필로와 클리안테스 두 인물의 대립 과정을 통해 참된 종교의 본질을 드러내려는 데 있다는 것을 추정할 수 있다. 신의 본성과 종교 문제에 대해 철저히 부정적인 입장을 취하는 필로 역시 신의 존재에 대해서는 전혀 의심을 제기하지 않는다. 다만 필로가 끊임없이 논박하는 것은 데미아와 클리안테스가 제시하는 신의 본성이다.

데미아는 필로와 함께 회의주의자이지만, 퓌론적 회의주의를 근거로 신비주의의 초월적 신관을 옹호한다. 이와 달리 이신론자인 클리안테스는 이성에 대한 무한한 신뢰를 바탕으로 경험적 유비를 통해 신인동형동성설(Anthropomorphism)

을 옹호한다. 데미아와 클리안테스의 이런 입장은 각각 18세기의 계시 종교와 자연 종교를 대변한다.

특히 클리안테스는 추리를 통해 자연으로부터 신에 대한 지식을 획득할 수 있다고 보는데, 이것은 자연 과학의 성과에 자신감을 얻은 인간 이성에 대한 무한한 신뢰를 전제로 한다. 신의 존재와 본성에 대한 선험적 논변과 경험적 논변은 클리안테스와 데미아 등의 견해에서 모두 나타난다. 먼저 신의 존재와 본성에 대한 이들의 선험적 논변과 이에 대한 필로의 비판부터 살펴보자.

계시 종교를 옹호하는 데미아는 회의주의를 이용해서 신 존재의 초월성과 무한성을 옹호한다. 이 계시 종교는 기적과 예언을 기초로 한다. 즉 기적의 원인과 예언의 근거로 신의 존재를 정당화한다. 자연 법칙에 위배되는 기적과 계시에 기초를 둔 예언은 이성으로 해명될 수 없다. 만일 기적과 계시에 기초를 둔 예언이 이성으로 해명될 수 있다면, 그것은 기적도 아니고 계시에 기초를 둔 예언도 아니다. 데미아는 이처럼 이성의 한계를 넘어선 기적과 예언의 근거로서 신의 존재를 옹호한다. 따라서 계시 종교를 옹호하는 입장은 인식론적 회의주의에 기초를 두고 있다.

필로는 이와 같은 데미아의 입장에 언뜻 동조하는 듯하다. 그러나 필로는 클리안테스와 함께 계시 종교에 대해서 비판적이다. 필로와 클리안테스에 따르면, 데미아가 옹호하는 계시 종교는 입장이 야비하고 무식한 회의주의(brutish and ignorant scepticism)에 기초를 두고 있다. 이와 같은 회의주의는 '넘어지면 다칠 수 있다' 는 가능성조차 의심하는 퓌론적 회의주의이다. 이 퓌론적 회의주의 때문에 일반인들은 쉽게 이해할 수 없는 것에 대해 편견을 가지며, 정교한 추론이나 증명이 필요한 모든 원리를 거부하게 된다.

또 흄에 따르면, "이런 종류의 회의주의 때문에, 사람들은 유신론(theism)이나 자연 신학(natural theology)의 진리뿐만 아니라 전통적 미신(a traditional superstition)의 터무니없는 교의에도 동의한다." 여기서 전통적 미신은 '로마 가톨릭'을 가리킨다.

진리에 대한 어떤 정당화 기준도 없다는 퓌론적 회의주의자들의 주장을 이용하여 허구적인 것들에 대한 믿음마저 정당화하려고 시도하려는 것이 계시 종교 옹호론자들이다. 예컨대 계시 종교는 '마녀' 의 존재를 믿지만 정교한 논증을 통해 추론된 유클리드의 정리는 믿지 않는 인식론적 무정부 상태를 초래한다. 이 인식론적 무정부 상태에서 "미신은 그 고유의 세계를 열어젖히고, 우리에게 새로운 풍경과 존재 그리고 대상들을 제시한다."

이런 세계관의 기초는 인식이 아니라 정념이다. 흄에 따르면, "공포 상태에 처해 있는 사람은 종교적인 것에서 쾌락을 얻으며, 가장 참담하고 암울한 정념을 들뜨게 할 수 있는 사람보다 인기 있는 설교자는 없다. 우리는 일상적 대상의 구체적 실재성을 느낀다. 그리고 바로 이러한 실재성을 바탕으로 살아가는 일상사에서 두려움과 공포보다 더 불쾌한 것은 있을 수 없다. 두려움과 공포라는 이 정념들은 오직 희극 공연이나 종교적인 설교에서만 항상 쾌감을 제공한다. 후자의 경우에 상상력은 게으르게도 관념 위에 잠들어 있다. 대상에 대한 신념이 결여됨으로로써 나약하게 된 정념이 갖는 호의적인 결과는 정신에 생기를 불어넣고 주의력을 속박하는 것뿐이다."

이와 같은 계시 종교는 칭찬과 비난을 대중없이 만들어냄으로써, 실천적 측면에서 인간을 비굴하고 나약하게 만들어 노예 상태로 전락시킨다. 흄에 따르면, "용기, 대담, 야망, 영예에 대한 사랑, 도량 및 그 밖에 빛나는 이러한 모든 덕은 분명히 그 덕들 사이에 자부심을 강하게 뒤섞고, 그 가치의 대부분을 자부심이라는 기원에서 끌어낸다. …… 종교계의 많은 변론가들은 이런 덕을 완전히 무종교적이고 미개하다(natural)고 공공연히 힐난하며 기독교의 탁월성을 우리에게 설명하고, 기독교는 소심함을 덕의 반열에 올리고 세상 사람들의 판단을 수정할 뿐만 아니라, 심지어 긍지와 야망의 모든 업적을 아주 일반적으로 찬양하는 철학자들의 판단까지 수정한다. …… 소심함이라는 이 덕이 제대로 이해되었는지 여부는 내가 감히 결정하지 않을 것이다.”

여기서 흄은 ‘소심’의 의미에 대해 유보적인 태도를 보이지만, 『대화』 제12부에서는 완전하고 영원한 지고의 절대적 존재인 신을 연약하고 불완전하며 변덕스러운 인간 존재와 대비한다. 그리고 미신은 강한 자에 대한 나약한 자의 복종이며, 이런 복종을 종교에서의 덕이라고 정의한다.

흄에 따르면, 이와 같은 종교의 오류는 관심의 일탈과 천박한 가치관을 제시함으로써 정의와 인간성이라는 자연적 동기에 대한 사람들의 애착을 극도로 약화시킨다. 따라서 이런 종교가 지배적일 때, 끝없는 당쟁과 박해 또는 시민 폭동 등의 결과를 초래할 뿐이다. 흄은 필로의 입을 빌려 참된 종교는 이처럼 유해한 결과를 초래하지 않는다고 한다.

신의 존재에 대한 기획 논증

흄은 라이프니츠의 선험적 기획 논증에 대해서도 비판적이다. 세계가 신의 의지에 따라 조화롭게 결정되어 있다는 라이프니츠의 변신론도, 세계의 질서와 변화 과정에 나타난 인과적 제일성과 합목적성을 근거로 세계에 대한 신의 기획을 옹호하는 논증이기는 하지만, 선험적 기획 논증이라고 할 수 있다.

선험적 기획 논증은 아리스토텔레스의 우주론적 신 존재 증명에서 유래된 것으로 오랜 전통을 갖는다. 이 선험적 기획 논증을 다음과 같이 정리할 수 있을 것이다.

   (1) 세계는 우연적인 사실들의 무한한 연속적 계열을 포함한다.

   (2) 이성의 진리는 환원적 분석을 통해 무모순율에 따르는 필연적 진리이다.

   (3) 우연적인 사실들의 무한한 연속적 계열이 최초의 원인을 그 계열의 외부에 갖는다는 것은 필연적 진리이다.

   (4) 이 최초의 원인은 자기 원인적·자기 의존적 존재로서 자기 이외의 어느 것에도 의존하지 않는다.

   (5) 자기 원인적이며 자기 의존적 존재인 신은 단순하고 완전하며 절대적 존재이다.

   (6) 물체는 동력인에 따라 운동하고 정신들은 목적인에 따라 작용하지만, 신의 피조물인 동일한 하나의 세계에 대한 표상들이므로 조화를 이룬다.

   (7) 이 조화의 원리는 이 세계의 건축가인 신에 의해 예정된 것이다.

   (8) 따라서 이 세계의 질서를 예정한 존재는 신이고, 사물은 자연의 흐름에 따라 저절로 신의 은총으로 나아간다.

이와 같은 선험적 기획 논증은 신의 입장에서 볼 때 모든 사물은 신의 계획에 따라 필연적으로 존재한다는 변신론에 기초를 둔 것이다. 이에 대해 흄은 이성의 진리(논리적 진리)는 그 자체로 필연적일 수 있지만, 논리적으로 필연적이라고 하더라도 사실 문제에 적용될 때에는 우연적일 뿐이라고 비판한다.

흄은 단순 지각이 창조주에 의해서가 아니라 자연적으로 소멸된다고 주장함으로써 라이프니츠의 단자와 신의 관계를 부정한다. 이것은 이성주의자들처럼 단순한 것에 대한 의미 분석을 통해 무한성이나 완전성 또는 불변성을 추론할 수 없다는 것을 의미한다. 뿐만 아니라 이것은 원인에 대한 지나친 탐구를 자제하는 것이 철학적 회의주의, 다시 말해서 참된 철학이라는 흄의 입장을 대변하는 것으로 볼 수 있다.

흄은 『대화』 후반부에서 라이프니츠의 선험적 기획 논증뿐만 아니라 경험적 기획 논증도 비판한다. 『대화』에서 경험적 기획 논증은 클리안테스를 통해 제시되고 필로에 의해 비판되는데, 제2부에 제시된 클리안테스의 경험적 기획 논증을 다음과 같이 정리할 수 있다.

(1) 무질서하게 흩어진 건축 자재들은 건축물이 아니다.

(2) 건축물을 완성하기 위해서 건축 자재들을 일정한 방식

으로 구성하는 것이 있어야 한다.

(3) 그런데 건축 자재들을 배열하는 구조는 건축가의 정신에서 나온다.

(4) 따라서 건축물이 존재하므로 건축가의 정신도 존재한다.

(5) 자연에는 많은 사물들이 존재한다.

(6) 자연의 만물들은 일정한 질서로 배열되어 운동하고 변화한다.

(7) 유사한 결과는 유사한 원인에서 나온다.

(7′) 사물들을 일정한 질서로 배열하여 운동하고 변화하도록 하는 것은 정신이다.

(8) 그러므로 자연에 질서를 부여하여 일정한 방식으로 자연이 운동하고 변화하도록 한 정신이 존재한다.

(9) 자연에 질서를 부여한 것은 지고의 존재인 신이다.

(10) 그러므로 신은 정신이다.

위와 같은 경험적 기획 논증에 대해 필로는 클리안테스가 제시한 유비적 사례들은 자연의 일부분이며, 인간의 의도에 따라 기획된 것들에 불과하다는 점을 들어 논박한다. 즉 인간의 의도에 따라 기획되고 제작된 것은 자연 중 극히 일부에 지나지 않는다. 따라서 우주가 건축물과 닮았다고 주장할 수 있는 유비적 근거는 약하다. 우주의 질서에 대한 기획자로서 정신의 존재를 막연히 추측할 수 있을 뿐이라는 점에서 경험적 기획 논증은 확실성이 거의 없다.

『대화』 제2부는 필로가 클리안테스에게 기획 논증에 대한 경험적 정당화를 요구하는 것으로 마무리된다. 이것을 통해 알 수 있듯이, 경험적 기획 논증에 대한 흄의 이 비판은 우주의 기원에 관한 경험이 없다는 데에 기초를 두고 있다. 그리고 그 비판의 근거는 모든 지각의 기원은 감각 인상이라는 흄 인식론의 제1원리이다. 이를 미루어 보더라도 흄의 제1원리는 그의 사상 전반에 걸쳐 일관성을 유지하는 것으로 볼 수 있다.

이에 대해 클리안테스는 『대화』 제3부에서 인위적으로 제작된 것뿐만 아니라 모든 자연물들이 일정한 질서의 구조를 갖는다고 주장한다. 예컨대 특정 동물의 신체는 그 종류의 동물이 살기에 적합한 구조로 되어 있다. 그리고 그와 같은 구조로 기획한 존재를 정신이라고 할 수밖에 없다고 반박한다. 그러나 물질적 세계가 그와 유사한 관념적 세계에 좌우된다면, 즉 물질적 세계의 원인이 관념적 세계라면, 이 관념적 세계의 원인은 무엇인가? 나아가서 이 관념적 세계의 원인을 지고의 존재인 정신이라고 한다면, 그와 같은 정신의 원인은 무엇인가? 그 원인에 대해서 더 이상 물어서 안 되는 이유는 무엇인가? 이런 추론 방식은 무한 소급에 빠질 수밖에 없다.

또 『대화』 제4부에서 필로는 우주의 기획자로서의 신을 인간의 정신과 유사한 정신이라고 하더라도 무신론에 빠질 수밖에 없다고 비판한다. 실제로 이것은 흄의 『대화』 제2권에서 논의된 인간 정신에 대한 분석을 기초로 하고 있다. 즉 경험으로 미루어 볼 때 인간의 정신은 두뇌의 생리 작용이며, 그 결과로 파생된 감사·분노·사랑·미움·찬동·부인·연민·질시 등 다양한 정념들로 구성된 복합체이다. 인간의 모든 행동은 이 정념들의 역학 관계에 따라 발생한다. 뿐만 아니라 신체의 해체에 따라 정념들도 해체되고 소멸하므로 인간의 정신도 사멸하게 된다. 따라서 이와 같은 복합체로서의 사멸적인 정신을 이른바 단순하고 불멸적인 정신, 또는 최고선으로서의 영원한 정신인 신과 비유하는 것은 필연적으로 불경스러운 무신론에 이르게 된다고 비판받을 수 있다.

흄의 입장이기도 한 필로의 이런 비판에 대해 클리안테스는 『대화』 제4부에서 어떤 사고 작용이나 의지 또는 정념도 없는 순수 정신의 존재를 제안한다. 그러나 필로는 이미 정신의 의미에 대한 분석을 통해 정신이 다양한 지각들의 다발일 뿐이라는 것을 논변하며, 순수하고 불가분적인 단순한 정신에 대한 어떤 예증도 불가능하다고 비판한다. 물론 여기에 대한 클리안테스의 반박은 없다.

필로의 비판에 따르면, 데미아가 옹호한 계시 종교의 신과 클리안테스의 신은 다를 바가 없다. 즉 데미아와 클리안테스는 모두 적어도 야비하고 무지한 인식론적 회의주의를 발판으로 각각 자신들의 신을 구성해 낸다는 점에서 동일하다는 것이다. 따라서 이런 신 개념은 어떤 경우에도 정당화될 수 없을 뿐만 아니라 참일 개연성조차 가질 수 없다. 자연의 만물이 일정한 질서로 구성되어 있다는 점을 인정하더라도, 그렇게 자연을 구성한 정신의 존재를 타당하게 추론할 근거나 방법은 결코 없다.

데미아와 클리안테스 중 어느 하나를 지지하든, 이런 방법으로 신의 본성을 정당화하려는 시도는 모두 그와 같이 시도하는 당사자의 신만을 정당한 유신론적 신으로 파악한다. 이것은 그 밖의 모든 신 개념을 무신론이라고 부정할 수밖에 없는 한계를 지닌다. 따라서 이와 같은 논증을 시도하는 모든 호교론은 자신의 주장을 정당화하지도 못하면서 다른 논증은 무조건 부정하는 독단의 늪을 헤어날 수 없다.

이와 같은 독단들은 실천적 측면에서 편파성의 원천으로 작용하여 시민전쟁과 박해, 내란, 억압과 굴종 등과 같은 맹목적 미신들의 유해한 결과를 초래한다. 이런 결과는 '쾌락'을 추구하는 인류의 일반적인 실천적 욕망에 반하기 때문에 유해하다.

『대화』 제3부에서 필로는 이에 대한 대안으로서 경험의 한계 안에서의 신 개념을 파악할 것을 제안한다. 이것은 계시 종교와 자연 종교, 특히 자연 종교의 이신론적 호교론 중에서 선험적 기획 논증과 경험적 기획 논증이 갖는 한계와 실천적으로 유해한 결과에 대한 하나의 대안으로 제시된다. 이런 필로의 신 개념을 자연주의자들이 말하는 철학적 유신론의 신 개념으로 파악할 수 있을 것이다.

철학적 유신론

기존 종교에 대한 흄의 비판이 인식론과 실천철학의 측면에서 진행되었듯이, 그의 철학적 유신론은 인식론적 측면과 실천적 측면으로 구분될 수 있다. 그리고 실천적 측면에서의 철학적 유신론의 기초는 인식론에서의 철학적 유신론이라고 볼 수 있다. 따라서 인식론적 측면에서 흄의 철학적 유신론을 먼저 살펴본 다음에, 실천적 측면에서 흄의 철학적 유신론을 살펴보겠다.

앞서 밝혔듯이, 흄은 계시 종교와 당시의 자연 종교 모두에 대한 인식론적 대안으로 경험의 한계 안에서의 종교를 제안한다. 이에 따라 흄은 신의 개념도 경험의 한계 안에서 파악할 것을 제안한다. 다소 길겠지만, 흄이 필로의 입을 빌려 자신의 철학적 유신론을 제안하는 『대화』 제4부의 다음 구절을 검토해 보자.

인디언 철학자와 그의 코끼리 이야기를 생각해 보자. 이 이야기는 이 주제에 가장 잘 어울릴 것이다. 만일 물질세계가 물질세계와 유사한 관념세계에 의존한다면, 이 관념세계는 반드시 다른 어떤 것에 의존할 것이고, 이 의존 관계는 끝없이 이어진다. 따라서 현재의 물질세계 밖으로 눈길을 돌리지 않는 것이 더 좋을 것이다. 물질세계가 그 자체 안에 그 질서를 규정하는 원리를 포함하는 것으로 가정함으로써, 우리는 물질세계를 신이라고 쉽게 주장할 수 있다. 그리고 우리가 신적 존재에 빨리 도달할수록 더 좋다. 그대가 경험적 우주의 체계(mundane system)를 한 걸음만 넘어서면, 그대는 결코 만족할 수 없는 호기심 강한 기질(inquisitive humour)에 휩싸일 뿐이다.

최고 존재의 이성을 구성하는 상이한 관념들이 스스로 그 본성에 따라 질서 잡혀 있다고 말하는 것은 사실 엄밀한 의미 없이 말하는 것이다. 만약 그 말이 어떤 의미를 갖는다면, 물질세계의 부분들이 스스로 그 자신의 본성에 따라 질서 잡혀 있다고 말하는 것은 의미가 없다는 이유가 무엇인지 나는 꼭 알고 싶다. 전자의 견해를 이해할 수 없다고 하더라도, 후자의 견해를 이해할 수는 없을까?

사실 우리는 알려진 어떤 원인도 없이 스스로 질서 잡힌 관념들을 경험한다. 그러나 확신컨대, 생식과 성장의 모든 사례들에서 그처럼 질서 잡힌 물질들을 더욱 많이 경험한다. 이 경우에 그 원인에 대한 철저한 분석은 인간의 모든 이해력을 넘어서게 된다.

여기서 '물질세계를 신이라고 쉽게 주장할 수 있다'는 구절은 당시의 일반적인 신 개념에 비추어 아주 혁신적인 것이며, 신의 존재를 정신이나 이성의 맥락에서 파악하는 입장에서는 무신론자들의 궤변이라고 할 수도 있을 것이다.

그럼에도 불구하고 위의 인용문이 흄의 근본적 입장이라는 근거는 다음과 같다. 첫째, 『논고』에서 흄이 정신과 신체의 구분을 거의 무시할 뿐만 아니라 정신을 지각들의 자율적 체계로 파악하면서 그 기원을 신체의 감각 작용에 두기 때문이다. 그리고 흄은 『대화』 제2부와 제7부 등에서 필로의 말을 빌려 정신을 두뇌의 생리적 작용이라고 하는데, 『논고』에서도 정신 작용을 두뇌의 생리적 작용으로 파악하는 부분들이 여러 곳에 있기 때문이다.

또 흄에 따르면, "참된 철학자에게 가장 필요한 것은 원인에 대하여 탐구하려는 지나친 욕망을 자제하는 것, 그리고 충분한 실험에 따라 어떤 이론을 정립하면서 더 이상의 연구가 그를 어렴풋하고 불확실한 사변에 빠지게 할 수 있다는 것을 알았을 때, 그것에 만족하는 것 등이다."

참된 철학에 대한 흄의 이 같은 견해는, 클리안테스가 물질세계의 원인을 그와 유사한 관념의 세계로 파악하려는 것이 어렴풋하고 불확실한 사변에 지나지 않을 뿐이라는 점을 필로가 비판하는 것과 일치한다. 그리고 흄이 이와 같은 사변을 그 원인에 대한 지나친 탐구욕에서 비롯된 것으로 파악하고 경험적 우주 안에서 그 원인을 파악하려고 시도하는 점에서도 필로와 일치한다. 이때 경험적 우주라는 것은 다름 아닌 물질세계를 의미한다.

위의 인용문에서 필로는 '물질세계의 부분들이 스스로 그 자신의 본성에 따라 질서 잡혀 있다'고 생각할 수 있다고 하면서, 이 명제는 경험적으로도 상당한 개연성을 확보할 수 있다고 한다. 따라서 상당한 개연성을 가지며 반례를 찾기 어려운 이 명제를 넘어서 사변에 빠질 필요는 없다. 이것은 『논고』 전체에 일관된 하나의 원리이다. 이런 점에서 자연을 구성하는 사물들과 사물들의 운동과 변화의 원리 속에서 신의 모습을 파악하려는 필로의 입장이 흄의 입장을 대변하는 것으로 볼 수 있다.

흄은 『논고』 제1권에서 형이상학적 회의주의에 대한 반론을 논적도 없이 논란을 벌이는 쓸데없는 사변으로 몰아붙이며 자연의 원리에 따를 것을 주장한다. 또 『논고』의 '서문'에서 철학적 회의를 치유하고 개선하는 방법은 자연 종교에서 찾을 수 있다고 주장하며, 『논고』 제1권 제4부 제1절에서는 독단적 이성과 회의적 이성의 대립이 실제로는 이성의 필요

없는 사변에서 유래된 질병이며, 이 질병을 치유할 수 있는 것은 자연이라고 주장한다.

이때 자연은 사실들의 체계, 즉 경험적 우주의 체계 (mundane system)이며, 이 생동하는 거대한 체계가 하나의 신이다. 이 자연의 체계는 자기 원인에 의해 스스로의 질서에 따라 존재하며 어떤 것에도 의존하지 않기 때문이다.

흄이 인식론적 비판 과정을 통해 확보한 결과는 사실 문제에 관한 인식이 개연성을 넘어설 수 없다는 것이다. 적어도 신의 본성에 관한 사실 인식의 문제도 이와 마찬가지이다. 이런 입장에서 신은 전혀 이해할 수 없는 것도 아니고 완전히 이해할 수 있는 것도 아니다. 사실에 대한 지식이 개연성에 그치듯이, 신의 본성이라는 사실에 대한 인식도 개연성에 머물 수밖에 없다.

따라서 인간은 자연이 인간에게 드러내는 만큼 자연을 이해할 수밖에 없다. 앞서 직접 인용했던 『대화』 제2부의 문맥에서 물질세계를 신이라고 한다면, 이 경험 가능한 자연의 통일된 체계가 곧 신이다. 이제 신을 이해하는 것은 곧 자연을 이해하는 것이다.

앞서 밝혔듯이, 흄에게 있어서 자연에는 단순한 사실이 결코 독립적으로 존재하지 않는다. 그에게 있어서 단순한 것들은 모두 다른 단순한 것들과의 관계 안에서 존재한다. 우리가 경험하는 모든 것은 단순한 것들의 복합체이다. 단순한 것은 이성의 구별을 통해, 즉 분석을 통해 인식된다. 이 단순한 것은 아무런 구조적 성질이나 형체적 속성을 갖지 않는 단계로까지 분석될 수 있다. 이 단순한 것들이 하나의 합일체로 결합되는 원리는 유사·인접·인과 등 연합의 원리이다.

이것은 자연을 구성하는 사물들이 운동하는 원리이며, 동시에 하나의 정신을 구성하는 단순 지각들이 서로 합일되고 결합하는 원리이기도 하다. 그리고 지각이나 존재들 사이의 '인력' 때문에 이런 운동이 발생할 수 있다. 흄은 『대화』 제7부에서 "생성이나 이성이라는 말은 자연의 어떤 능력(powers)이나 힘(energies)의 기호일 뿐이며, 그 결과는 우리에게 알려진다"라고 주장한다. 이것이 의미하는 바는 무엇인가? 앞서 인용했듯이, '물질세계의 부분들은 스스로 그 자신의 본성에 따라 질서 잡혀 있다.' 그리고 스스로의 본성에 따라 질서 잡혀 있는 이 물질 세계를 신이라고 했을 때, 능력이나 힘은 신의 본성이다.

즉 적어도 우리에게 알려진 신의 본성은 힘이다. 그리고 이 힘의 작용 원리는 자연을 구성하는 요소들이 이합 집산하는 원리, 즉 연합의 원리이다. 이 연합의 원리를 섭리, 즉 로고스(Logos)라고 할 수 있다. 인간에게 알려진 신의 본성은 힘과 힘의 작용 원리에 지나지 않으며, 신이 그 밖의 다른 어떤 속성을 갖는다고 하더라도 우리는 알 수 없으므로 말할 수도 없다.

흄이 옹호하려고 했던 신의 본성은 힘과 힘의 원리로 운동하며 변화하는 자연의 체계이다. 이것은 오늘날의 철학적 유신론과 궤를 같이 한다. 자연을 신으로 파악하는 흄의 자연종교는 다중적이고 중첩적인 자연주의적 존재론의 가능성을 열어 준다. 앞서 언급했듯이, 자연 체계 안에서 모든 존재들은 고정된 형태 없이 다양한 형태로 존재할 수 있고, 분석적 환원을 통해 에너지 형태로도 이해될 수 있으며, 구체적인 개별자들의 관계도 가족과 지연 공동체 그리고 사회 및 국가 등과 같은 중첩적인 맥락에서 동시에 파악될 수 있다. 그리고 이 단순한 것들의 복합체는 우주 전체로 확장된다.

이 우주 전체에서 어떤 단순한 것은 그것이 구성하는 모든 복합체의 구성 요소이다. 예컨대, '나' 는 '나' 의 신체를 구성하는 각 기관으로 구성되어 있고, '나' 는 가족의 구성원이자, 어떤 지연을 중심으로 한 공동체의 구성원이며, 특정 사회 단체의 구성원일 수 있다. '나' 는 이 모든 복합체를 구성하는 구성원이며, 이 다양한 관계는 동시적일 수도 있다. 다시 말해서 이 다양한 복합체들은 하나의 구성 원소를 동시에 공유할 수 있고, 그 구성원들의 상호 관계에 따라 역동적으로 변화한다.

실천 윤리의 측면에서 볼 때, 자연주의적 유신론에서 신으로 이해되는 자연 체계 안에는 어떤 도덕도 찾아볼 수 없다. 인간이 인식할 수 있는 것은 능력이나 힘이며, 그것들의 운동 원리들뿐이다. 이것은 종교에서 도덕 원리를 찾고자 했던 기존의 신 개념이나 종교관과는 전혀 다른 양상을 보인다. 『논고』에서도 마찬가지이지만, 흄은 『대화』 제11부에서 신과 도덕의 무관성을 주장한다. 이것은 신이 '지고의 선'이라는 기존 종교적 도덕관에 대한 비판이며, 신의 뜻이라는 이름으로 자행된 종교 집단의 다양한 만행에 대한 실천적 비판이기도 하다.

유럽 근대의 종교 문제는 근대 과학의 성과를 기존 종교적 세계관과 접목시키려던 유럽 근대 철학자들의 공통적 과제이기도 했다. 흄이 근대 과학의 방법론을 통해 인식의 한계 안에서 드러내는 신의 본성은, 자연의 구조 안에서 파악된다는 점에서 다른 근대 철학자들의 신 개념과 근본적인 차이를 보이지만, 이성주의자로 분류되는 스피노자의 사상과 가깝다. 자연의 구조 안에서 신의 본성을 이해하려고 했던 흄의 신 개념은 실험과 관찰이라는 근대 과학의 방법론과 부합한다.

흄은 신 개념을 재정의함으로써 근대 과학의 성과와 종교 문제를 일관되게 조화시킬 수 있는 것으로 보았다. 이것을 종교의 문제에서 근대 인식론이 거둔 성과로 볼 수 있을 것이다. 물론 흄이 자신의 신 개념을 직접적으로 명시하지 않는다는 점에서, 이런 평가는 흄의 신 개념에 대한 필자의 해석에 지나지 않는다. 한가지 꼭 짚고 넘어가야 하는 것은, 필자의 해석이 옳다고 하더라도 그것은 수많은 신 개념 중 하나, 즉 흄의 신 개념일 뿐이라는 점이다. 참된 철학자를 자부하는 흄이 인식의 한계를 넘어선 영역에 대해서는 자신의 주장을 정당화하며 다른 사람에게 자신의 주장을 받아들이도록 강요하지 않기 때문이다.

흄은 근본적으로 사실에 대한 인식이 개연성을 바탕으로 한다는 한계를 염두에 두고 있다. 따라서 인간이 이해하는 신의 본성도 그 한계를 넘어설 수 없다. 이런 입장은 다양한 종교의 가능성도 열어둔다. 이런 점에서 흄은『대화』제12부에서 사회는 다양한 여러 종교에 대해 어떤 형태로도 차별할 수 없다는 것을 역설한다. 그러나 사실과 무관하게 오직 인간의 상상력에 기인한 다양한 종교의 행태들이 자연법을 위배하는 경우에 처벌받을 가능성도 열어두고 있다. 이것은 모든 종교에 대한 관용과 사회적 제약을 함께 허용한다는 것이다.

흄이 이와 같은 종교관과 도덕관을 확보할 수 있었던 것은 그가 말하는 참된 철학·참된 회의주의(온건한 회의주의·완화된 회의주의) 때문이다. 물론 이 참된 철학이나 참된 회의주의는 퓌론적 회의주의를 하나의 전략으로 사용한 결과이기도 하다. 그 결과로 흄이 제안하는 종교관과 신 개념은 흔히 철학적 유신론으로 불리기도 하며, 오늘날 자연주의적 유신론과 흡사하다.

2부 David
본문 Hume

『인간 본성에 관한 논고』는 『오성에 관하여』『정념에 관하여』『도덕에 관하여』 등 총 3권으로 구성되었다. 이 책에서 흄은 인간의 인식 능력에 대한 논의를 바탕으로 하여 다양한 정념들의 작용과 사회 제도의 성립 과정을 분석하고 설명한다. 흄은 당대의 자연 과학이 구축한 방법론을 자신의 학문 체계에 차용하여 자연 과학적 방법을 적용할 수 있는 영역과 그렇지 않은 영역을 구분하고, 후자에 대해서 회의적 태도를 고수한다. 인간의 감각에서 직접 유래하는 감각 인상 이외의 것을 상상력이 구성한 관념이라고 여기는 흄의 인식론은 바로 자연주의에 기초하고 있다. 흄의 인식론의 방법은 인간의 갖가지 정념과 사회 제도를 설명하는 데까지 적용되며, 이 때문에 흄은 대표적인 자연주의자로 분류된다.

서문[*]

철학과 학문의 세계에서 새로운 어떤 것을 발견했다고 자부하는 사람들에게 가장 흔하고 자연스러운 것은, 자신보다 앞선 사람들이 성취한 것을 모두 비방함으로써 자신들의 체계를 은근히 내세우는 것이다. 그리고 실제로 그들은 인간 이성의 법정에 설 수 있는 가장 중요한 문제에 대해 우리가 여전히 알지 못하고 있다는 것을 한탄하는 것으로 만족했지만, 그 학문에 식견이 있는 사람들 가운데에서 그 학문에 쉽

---

[*] 제1권의 서문이지만 『인간 본성에 관한 논고』 전체의 내용을 아우르기 때문에 특별히 따로 두었다.

* 2부는 『인간 본성에 관한 논고』 중 핵심을 발췌하여 번역한 것이다.

* 원전의 긴 문단은 읽기 쉽게 여러 문단으로 분리하였다.

* 원전의 고딕체는 출판사 편집 지침에 따라 명조체로 통일하였다.

게 동의하지 않을 사람은 거의 없다.

최고의 신뢰를 획득하여, 엄밀하고 심오한 추론에서 그들이 고도의 자부심을 갖도록 해 주는 바로 그 체계들의 토대가 허술하다는 것을 분별력과 학식을 겸비한 사람은 쉽게 지각할 수 있다. 신뢰를 바탕으로 받아들여진 원리들, 그리고 각 부분들 간에는 정합성이 결여되고 전체적으로는 명증성이 결여된 그 원리들로부터 어설프게 연역된 결론, 이런 것을 우리는 매우 유명한 철학자들의 체계 곳곳에서 마주치게 된다. 바로 그러한 것이 철학 자체를 망신스럽게 하는 것 같다.

학문이 지닌 현재의 불완전한 상태를 발견하는 데 매우 심오한 지식이 요구되지는 않으며, 학문의 관문 밖에 있는 구경꾼들조차도 자신들이 듣고 있는 야단법석과 아우성으로 미루어 그 안에서는 모든 것이 잘 진행되고 있지 않다는 것을 판단할 수 있을 것이다. 논란거리 아닌 것이 없고, 학식 있는 사람들이 상반되는 의견을 갖지 않는 것도 없다. 가장 하잘것없는 문제에서도 우리는 논쟁을 피할 수 없고, 가장 중요한 문제에서도 우리는 전혀 확실한 결정을 내릴 수 없다. 마치 모든 것이 불확실한 것처럼 논쟁은 늘어나고, 마치 모든 것이 확실한 것처럼 뜨겁게 가열되어 논쟁이 진행된다. 이 모든 소동들 가운데 찬사를 받는 것은 이성이 아니라 웅변이다. 아주 엉뚱한 가설들을 그럴듯하게 꾸미기에 넉넉한 기술을 가진 사람들은 그러한 가설들로 전향하기를 결코 단념할 필요가 없다. 창과 칼을 쓰는 군인이 승리를 쟁취하는 것이 아니다. 군대의 음악가와 나팔수 그리고 고수(鼓手)들이 승리를 얻는다.

내 생각으로는 바로 여기서 모든 종류의 형이상학적 추론을 공연스레 반대하는 일상적 선입견이 발생하는 것 같다. 물론 이것은 학자를 자칭하며, 다른 모든 학문의 영역에 대하여 정당한 평가를 하는 사람들에게조차도 마찬가지이다. 그들은 형이상학적 추론을 학문의 개별적 분야에 관한 것으로 파악하지 않고, 어쨌든 난해하고, 또 이해하려면 어느 정도 주의력을 요구하는 모든 종류의 논변에 관한 것으로 파악한다.

우리가 적어도 자연스럽고 재미있는 환상과 오류의 영원한 희생물이 되어야 한다면, 우리는 그와 같은 형이상학적 추론을 주저 없이 물리치고 해소하기 위해 그러한 탐구에 너무 많은 시간을 낭비한 셈이다. 실제로 극도의 나태함과 가장 단호한 회의론만이, 형이상학을 이처럼 혐오하는 것을 정당화할 수 있을 뿐이다.

왜냐하면 만약 진리가 완전히 인간의 능력이 미치는 범위 안에 있다면, 진리가 매우 심오하고 난해한 상태로 있을 것은 분명하기 때문이다. 위대한 천재들도 더할 수 없는 고통을 겪으며 좌절했다. 우리는 고통 없이 진리에 도달할 수 있기를 바라는 것을 허영과 자만으로 평가해야 할 것이다. 나는 내가 펼쳐 보이려는 철학에 그와 같은 장점이 전혀 없다는 것을 천명하며, 만약 나의 철학이 매우 쉽고 명료하다면 그와 반대로 그것을 완강한 억측으로 평가할 것이다.

모든 학문이 인간의 본성과 어느 정도 관계되어 있고, 또 학문들 가운데 인간의 본성과 거리가 먼 것처럼 보이는 그런 학문들도 이런저런 경로를 거쳐 분명히 인간의 본성으로 되돌아온다. 심지어 수학과 자연철학과 자연종교조차도 어느 정도 인간학에 의존하고 있다. 왜냐하면 그러한 학문들은 인간의 인식 능력 아래 있으며, 또 인간의 능력이나 그 직능에 의해 판단되기 때문이다. 우리가 인간 오성의 범위와 역량을 완전히 이해한다면, 또 우리가 추론하면서 실행하는 것과, 우리가 사용하는 관념 등의 본성을 설명할 수 있다면, 우리가 이 학문들에서 무엇을 변화시키고 개선할 수 있다고 말할 수 없을 것이다. 그리고 그와 같은 개선은 자연종교에 기대하는 것이 훨씬 나을 것이다.

왜냐하면 자연종교는 우월한 신들의 본성으로 우리에게 교시하는 데 만족하지 않고, 그 견해를 더욱 확장해서 우리에 대한 신의 의향과 또 신에 대한 우리의 의무까지 조망하기 때문이다. 결과적으로 우리는 우리 자신이 추리하는 존재자일 뿐만 아니라 우리가 추리하는 바로 그 대상들 가운데 하나일 뿐이다.

그러므로 수학과 자연철학 등의 학문이나 자연종교가 인간에 관한 지식에 의존하고 있다면, 인간의 본성과 더욱더 밀접한 관계를 갖는 다른 과학에서 우리는 무엇을 기대할 수 있는가? 논리학의 유일한 목적은 우리가 지닌 추론 직능의 실행과 그 원리, 그리고 우리 관념의 본성을 설명하는 것이다. 도덕과 비평은 우리의 취향과 소감(sentiments)을 연구하며, 정치학은 사회 안에서 합일되고 서로 의존하는 인간들을 고찰한다. 어떤 방식으로든 우리가 숙지해야 할 만큼 중요하거나, 또는 인간의 정신을 증진하거나 빛낼 수 있는 모든 것이 논리학, 도덕, 비평, 그리고 정치학 이 네 가지 학문에 거의 담겨 있다.

여태껏 지루하도록 쫓아다녔던 타성적 방법을 버리고 우리가 철학적 탐구에서 성공을 기대할 수 있는 유일한 방편이 여기 있는데, 그것은 곧 이따금 변방의 성이나 마을을 점령하는 대신 이들 학문의 중심을 향해, 즉 인간 본성 그 자체를 향해 곧장 나아가는 것이다. 단 한번이라도 우리가 인간 본성을 꿰뚫어 볼 수 있다면, 우리는 어디서나 손쉬운 승리를 기대할 수 있을 것이다. 이 주둔지에서 출발하여 우리는 인간의 삶에 더욱 밀접하게 관여하는 모든 학문을 정복해 갈 수 있을 것이며, 그리고 나중에는 순수한 호기심의 대상인 학문들까지도 여유를 가지고 충분히 밝힐 수 있게 될 것이다.

그 결론이 인간학에 포함되지 않는 중요한 물음은 없다. 그리고 우리가 저 학문에 정통하기 전에 확실하게 결론 내릴 수 있는 것도 전혀 없다. 따라서 우리는 인간 본성에 관한 원리를 설명한다고 자부하면서, 결과적으로 학문들이 안전하게 보호받을 수 있는 완전히 새로운 기초 위에 세워진 학문들의 완전한 체계를 제안한다.

인간학은 다른 학문을 위한 유일하고 견실한 기초이므로 우리가 인간학 자체에 제공할 수 있는 기초는 경험과 관찰 위에 놓여져야만 한다. 실험 철학이 자연적 주제에 적용된 다음 1세기 이상의 간격을 두고 이어서 도덕적 주제에 적용되는 것은 결코 놀랍게 생각할 것이 아니다. 왜냐하면 우리는 실제로 이 학문들의 발원 사이의 시간적 간격이 대개 같다는 것을 발견할 수 있기 때문이다. 탈레스에서 소크라테스에 이르는 시기를 헤아려 보면 그 시간적 간격이 베이컨 경과 최근 영국 철학자들(로크, 샤프츠베리, 맨더빌, 허친슨, 버틀러) 사이의 간격과 거의 같다. 영국의 이 최근 철학자들은 인간학을 새로운 토대 위에 세우고 주목받으면서 대중의 호기심을 불러일으켰다. 그러므로 설령 다른 나라가 시로서 우리와 맞서고, 또 다른 좋은 예술로서 우리를 능가한다고 할지라도, 이성과 철학의 진보는 오직 관용과 자유의 땅에 있을 뿐이다.

또한 우리는 인간학에서 이성과 철학의 진보가 자연 철학에서의 진보보다 우리 조국에 덜 명예로울 것이라고 생각해서는 안 된다. 인간학이 그러한 개혁 아래 깔고 있는 필연성과 함께 그것의 지대한 중요성 때문에 오히려 인간학에서의 이성과 철학의 진보가 훨씬 더 영예롭게 평가되어야 한다. 나는 분명히 외부 물체의 본질과 마찬가지로 정신의 본질도 알 수 없다고 여긴다. 그러므로 신중하고 정확한 실험, 그리고 상이한 여건과 상황으로부터 유래하는 개별적 실험 결과들에 대한 관찰 등을 제외한 다른 방식으로는 정신의 능력과 성질에 관한 어떤 개념도 형성할 수 없다고 생각한다.

그리고 우리가 궁극에 이르기까지 실험을 거듭하여 가장 단순한 극소수의 원인들로부터 모든 결과를 설명함으로써, 할 수 있는 한 우리의 원리가 보편타당하도록 노력해야 한다고 할지라도, 여전히 우리는 경험을 넘어설 수 없다. 그리고 인간 본성의 가장 근원적인 성질을 발견했다고 주장하는 어떤 가설들이 주제넘고 터무니없는 것으로 먼저 거부되어야 한다.(pp. xiii-xvii)

제1권

오성에 관하여

제1부

관념들과 그것들의 기원, 합성, 연관, 추상에 관하여

제1절 관념들의 기원

인간 정신의 모든 지각은 서로 다른 두 종류로 환원될 수 있는데, 나는 그것을 인상과 관념이라고 부를 것이다. 이 둘의 차이는 지각들이 정신을 자극하며 사유 또는 의식에 들어오는 힘과 생동성의 정도에 있다. 최고의 힘과 생동성을 가지고 들어오는 지각에 우리는 인상이라는 이름을 붙일 수 있으며, 감각(sensations), 정념(passions), 그리고 정서(emotions) 등이 우리의 영혼에 최초로 나타나므로, 나는 이것들을 모두 인상이라는 이름에 포함시킨다. 나는 관념을 사유와 추론에 있어서 인상의 희미한 심상(a faint images)이라는 뜻으로 쓴다.

예를 들어 시각이나 촉각에서 기인하는 지각과, 또 담화에

서 발생할 수도 있는 직접적인 기쁨이나 거북함 등을 제외하
고, 현재의 담화에 의해 나타나는 지각은 모두 관념이다. 나
는 이 구분을 설명하기 위해 많은 말이 필요하다고 생각하지
않는다. 사람들은 저마다 지각 작용(feeling)과 사고 작용
(thinking)의 차이를 쉽게 파악할 것이다.(p. 1)

지각에 대한 또 다른 구분이 있는데, 그것은 쉽게 살펴볼
수 있으며, 인상이나 관념 모두에 적용된다. 그것은 단순한 것
과 복합적인 것이다. 단순 지각, 또는 단순 인상과 단순 관념
은 구별과 분리를 허용하지 않는다. 복합 지각은 단순 지각과
반대되며, 부분으로 구별될 수 있다. 색, 맛, 향기는 이 사과에
모두 함께 합일되어 있는 성질이지만, 그 성질들이 동일하지
않고 적어도 서로 구별될 수 있다는 것은 쉽게 알 수 있다.

이런 구분에 따라 대상들을 정리하고 배열할 때, 우리는
비로소 그 대상들의 성질과 관계를 더욱 정확하게 고찰하는
데 전념할 수 있을 것이다. 내 눈에 띄는 최초의 여건은 지각
들의 힘과 생동성의 정도를 제외한 다른 모든 점에서 나타나
는 관념과 인상 간의 커다란 유사성이다.

어떤 의미에서 관념은 인상의 반영이라고 여겨진다. 그러
므로 정신의 지각은 모두 이중적이며, 그것들은 모두 인상과
관념으로 나타난다. 내가 눈을 감고 나의 방을 생각할 때, 내가
형성한 관념은 내가 느낀 인상의 정확한 재현(representation)

이다. 인상에서 발견되지 않는 관념의 여건은 결코 있을 수 없다. 나는 나의 다른 지각을 일별해 볼 때에도 여전히 동일한 유사성과 재현을 발견한다. 관념과 인상은 항상 서로 대응하는 것으로 나타난다.(pp. 2-3)

우리는 여기서 하나의 일반적인 명제, 즉 처음 현상하는 단순 관념들은 단순 인상들로부터 유래하는데, 이 단순 인상들은 단순 관념들과 대응하며, 단순 관념들은 단순 인상들을 정확하게 재현한다는 명제를 확정하는 데 만족할 것이다.

이 명제를 증명하기 위해 현상들을 살펴보면서 나는 두 종류의 현상만을 발견했다. 그런데 그 현상들은 각 종류마다 명료하고 다양하며 결정적이다. 나는 이미 주장했던 바를 새삼스럽게 되돌아봄으로써 비로소 모든 단순 인상은 대응 관념을 수반하며, 그리고 모든 단순 관념은 대응 인상을 수반한다는 것을 확신한다. 유사한 지각들의 이 항상적 결부(constant conjunction)로부터 나는 곧 대응 인상과 관념 사이에 중요한 연관이 있으며, 그 하나의 존재는 다른 것의 존재에 상당한 영향을 끼칠 수 있다는 결론을 내린다.

숱한 사례들에서 그러한 항상적 결부는 결코 우연히 생기는 것이 아니며, 그것은 인상이 관념에 의존하거나 관념이 인상에 의존한다는 것을 분명히 입증한다. 나는 인상과 관념이 먼저 나타나는 순서를 숙고해 봄으로써, 이 의존 상태를 알 수 있을 것이다. 그리고 나는 변함없는 경험을 통하여 단순 인상이 언제나 그 대응 관념에 선행하며, 결코 그 역순으로 나타나지 않는다는 것을 깨닫는다.

어떤 아이에게 선홍색이나 오렌지색 또는 단맛이나 쓴맛의 관념을 제공하려면 나는 그에게 대상을 제시한다. 즉 그 인상을 전달하지, 관념들을 불러일으킴으로써 인상을 산출하려고 애쓰는 것처럼 어리석게 행동하지는 않는다. 관념들이 나타났다고 해서, 우리의 관념이 그 대응 인상을 산출하지는 않으며, 우리가 그러한 관념들을 단지 생각한다고 해서, 어떤 색을 지각하고, 어떤 감각을 느끼는 것은 아니다.

반면에 정신이나 물체의 인상들에는 언제나 그것들과 유사한 관념이 뒤따르며, 이 관념은 힘이나 생동성의 정도에서 다를 뿐이다. 유사한 지각들의 항상적 결부는 인상이 관념의 원인이라는 것에 대한 납득할 만한 증거이다. 마찬가지로 이 인상의 선행은 인상이 관념의 원인이며 관념이 인상의 원인이 아니라는 것에 대한 증거이다.(pp. 4-5)

그러면 30년 동안 건강한 시력을 유지했으며, 그가 접할 기회가 전혀 없었던 색, 예를 들어 푸른색 중에서 특정한 색조 하나를 제외한 나머지 색 전부를 완전히 숙지하고 있는 사람을 가정해 보자. 그가 접하지 못했던 단 한 색조를 제외한 나머지의 다른 색조들을 모두 가장 짙은 것으로부터 가장 옅은 것 순으로 단계적으로 그의 앞에 배열해 보자. 그는 특정 색조가 빠져 있는 빈 자리를 지각할 것이며, 연속적 색들 사이에서 그 자리가 다른 자리보다 거리가 훨씬 멀리 떨어져 있음을 분명히 감지할 것이다.

그러면 다음과 같이 물어 보자. 특정 색조가 그의 감각을 통해 자신에게 전달된 적이 결코 없음에도 불구하고, 그는 빠져 있는 것을 자신의 상상력으로 보충할 수 있으며, 그 색조를 자신에게 떠올릴 수 있는가? 이것은 비록 그 사례가 특수하고 하나뿐이어서 우리가 살펴볼 가치는 거의 없고, 또 오직 그것 때문에 우리의 일반 공리를 변경할 필요도 없지만, 단순 관념이 언제나 대응 인상에서 획득되는 것은 아니라는 증거로는 알맞다.

그러나 이 예외를 제외하면, 이 항목에서 인상이 관념보다 앞선다는 원리를 다른 제약, 즉 관념은 인상의 심상(image)이므로, 바로 앞의 추론에서 나타나는 바와 같이 1차 관념의 심상인 2차 관념을 형성할 수 있다는 것으로 말하는 것도 잘못은 아닌 듯하다. 정확히 말하자면, 이것은 규칙에 대한 예외라기보다는 규칙에 대한 설명이다. 관념은 그것 자체의 심상을 새로운 관념으로 낳는다. 그러나 최초의 관념이 인상에서 유래한다고 가정되므로, 단순 관념은 모두 직접적으로 또는 간접적으로 그 대응 인상에서 유래한다는 것은 여전히 참이다.

그러므로 이것은 인간 본성에 관한 학문에서 내가 확립한 제일 원리이며, 그 모양새가 단순하다고 해서 이 원리를 무시해서는 안 된다. 인상 또는 관념의 선행에 관한 이 물음은, 본유 관념(innate ideas)이 있는가, 또는 모든 관념이 감각과 반성에서 유래하는가에 대해 우리가 논쟁하면서 다른 술어로 법석을 떨었던 것과 같다는 것은 주목할 만하기 때문이다. 우리가 알 수 있는 것은 철학자들이 연장이나 색의 관념들은 본유적이 아니라는 것을 증명하기 위하여, 그 관념들이 우리 감관에 의해 전달된다는 것을 보여줄 뿐이라는 것이다.(pp. 6-7)

제2절 주제의 구분

단순 인상은 그 대응 관념에 선행하며, 그 예외는 매우 드물게 여겨지므로, 우리가 관념을 고찰하기에 앞서 인상을 검토하는 방법이 필요하다. 인상은 감각의 인상(impression of Sensation)과 반성의 인상(impression of Reflexion)이라는 두 종류로 구분된다.

첫째 종류는 알려지지 않은 원인들로부터 근원적으로 영혼 안에 발생한다. 두 번째 종류는 대부분 다음과 같은 순서에 따라 관념에서 기인한다. 인상은 처음에 감관을 자극하고, 뜨거움, 차가움, 어떤 종류의 기쁨, 고통 또는 다른 것을 지각하도록 한다. 정신은 이 인상을 모사하는데, 이것은 인상이 소멸된 뒤에도 남아 있으며, 우리는 이것을 관념이라고 한다. 기쁨 또는 고통의 관념이 영혼에 되돌아왔을 때, 그것들은 욕망과 혐오, 희망과 공포 등의 새로운 인상을 산출하는데, 그 인상은 반성에서 유래하기 때문에 그것을 반성의 인상이라고 하는 것이 적당할 것 같다.

이것들은 다시 상상력과 기억에 의해 모사되어 관념이 되는데, 아마 번갈아 가면서 다른 인상과 관념을 불러일으킬 것이다. 그러므로 반성의 인상은 그 대응 관념에 반드시 앞서지만, 감각의 인상보다는 뒤이고, 감각의 인상으로부터 유래한다. 감각을 검토하는 것은 도덕 철학자보다는 해부학자나 자연 철학자의 몫이므로 여기서 감각을 검토하지는 않을 것이다. 그리고 우리의 주목을 끄는 정념, 욕구, 그리고 감정 등과 같은 반성의 인상은 주로 관념에서 발생하기 때문에, 얼핏 보기에 가장 자연스럽게 여겨지는 인상부터 먼저 검토하는 방법을 바꿀 필요가 있다. 즉 인간 정신의 본성과 원리를 설명하기 위해서는 인상을 다루기에 앞서 관념을 상세히 설명할 필요가 있다. 그러므로 여기서 관념에 관해서 살펴보기로 한다.(pp. 7-8)

제3절 기억의 관념과 상상력의 관념에 관하여

상상력은 근원적 인상과 동일한 질서와 형태에 얽매이지

않지만, 기억은 변화시킬 수 있는 능력도 전혀 없이 근원적 인상과 동일한 질서, 그리고 형태에 어느 정도 얽매인다.

기억은 그 대상이 현전했던 본래 형태를 유지하며, 우리가 무엇을 상기하는 데 있어서 그 대상을 벗어나게 되는 것은 모두 기억이라는 직능의 결함 또는 불완전함에서 기인한다는 것은 분명하다.(p. 9)

자신의 관념을 바꾸고 변형시키는 상상력의 자유에 관한 우리의 제2원리도 마찬가지로 명증적이다. 우리가 시나 소설을 통해 접했던 우화들은 이것을 전혀 문제 삼지 않는다. 거기서 자연은 전체적으로 혼돈되어 있으며, 날개 달린 말, 불을 뿜는 용, 괴물 같은 거인 등을 제외한 어떤 것도 언급되지 않는다. 우리 관념은 모두 인상으로부터 모사되며, 완전히 분리될 수 없는 두 인상은 결코 없다는 점을 고려하면, 이 공상(fancy)의 자유는 이상하게 여겨지지 않을 것이다. 물론 이것은 관념을 단순한 것과 복합적인 것으로 구분한 명증적 결과이다. 상상력이 관념들 사이의 차이를 지각하는 모든 경우에, 상상력은 그것들을 쉽게 분리할 수 있다.(p. 10)

제4절 관념들의 연관 또는 그 연합에 관하여

단순 관념들은 모두 상상력에 의해 분리되고 상상력이 원하는 형태로 다시 합일될 수 있듯이, 모든 시간과 장소에서 상상력이 어느 정도 한결 같도록 해 주는 어떤 보편적 원리에 상상력이 따르지 않는다면, 상상력이라는 직능의 작용보다 이해하기 어려운 것은 없을 것 같다. 관념들이 완전히 흩어져 단절되어 있다면 우연(chance)만이 그것들을 결속할 것이다. 그리고 또 단순 관념들 사이에 합일하는 결합력이 없거나, 어떤 관념이 자연스럽게 다른 관념과 연합하는 성질이 없다면, (관념들이 공통적으로 그러하듯이) 바로 그 단순 관념들이 규칙적으로 복합 관념들에 포함될 수는 없다.

관념들 사이에 있는 이 합일하는 원리가 불가분적 연관으로 여겨지지는 않는다. 그 원리는 이미 상상력에서 제외되었기 때문이다. 그렇다고 그 원리 없이는 정신이 두 관념을 결속할 수 없다는 것은 아니다. 상상력의 직능보다 자유로운 것은 없기 때문이다. 그러나 우리는 그것을 은근한 힘(a gentle force)으로 간주하고자 할 뿐이다. 복합 관념으로 합일되기에 가장 적합한 단순 관념을 자연이 모든 사람들에게 어느 정도 가르쳐 주므로, 이 힘은 일상적으로 널리 유포되어 있으며, 무엇보다도 언어들이 서로 아주 엇비슷하게 대응하는 원인이기도 하다. 이러한 연합이 발생하게 되고, 또 정신이 이러한 방식으로 하나의 관념에서 다른 관념으로 나아가게 하는 성질들은 유사, 시간이나 장소의 인접, 그리고 원인과 결과이다. (pp. 10-11)

제6절 양태와 실체에 관하여

　양태의 관념과 마찬가지로 실체의 관념은 단순 관념들의 집합일 뿐이다. 이 단순 관념들의 집합은 상상력에 의해 합일되며, 그것들에게 부여된 어떤 하나의 이름을 갖는데, 우리는 이 이름으로 그 집합을 상기하거나 다른 사람에게 상기시킬 수 있다.

　그러나 실체를 형성하는 개별적 성질들은, 일상적으로 그것들에 본래 내재하는 것으로 가정되는, 알려지지 않는 어떤 것과 관련되어 있다. 혹여 이러한 허구가 발생하지 않는다고 하더라도, 적어도 인접과 인과의 관계를 통해 그 성질들은 밀접하고 불가분적으로 연관되어 있다고 가정된다는 것에 이 관념들의 차이가 있다. 그 결과로, 우리가 나머지 성질들과 동일한 연관을 갖는 것으로 발견한 새로운 단순 성질이 비록 실체를 최초로 표상하는 것과 무관하다고 하더라도, 우리는 나머지 성질들 가운데서 그 새로운 단순 성질을 곧장 파악한다.

　따라서 황금에 대한 관념도 처음에는 노란색, 무게, 전성, 융합성 등일 것이다. 그러나 왕수에서 금의 용해성을 발견함에 따라 우리는 용해성을 다른 성질들에다 결합시키고, 그 관념이 마치 처음부터 복합적인 것의 부분을 이루었던 것처럼 실체에 속하는 것으로 가정한다. 복합 관념의 주요 요소로 여겨지는 합일의 원리는 뒤에 나타나는 모든 성질들에 대한 통로를 제공하며, 이 성질들도 먼저 나타났던 다른 성질들과 마찬가지로 합일의 원리에 의해 복합 관념에 포함된다. (p. 16)

제7절 추상관념에 관하여

자연에서 만물은 개별적이라는 것, 그리고 정확한 비율의 변과 각이 없는 삼각형이 존재한다고 가정하는 것 등이 참으로 불합리하다는 것은 철학에서 일반적으로 수용하는 원리이다. 따라서 만약 그러한 것이 실재로 불합리하다면, 그것은 또한 관념에서도 불합리해야 한다. 우리가 명석 판명한 관념을 형성할 수 있는 그 무엇이 전혀 존재하지 않는다는 것은 불합리하며 있을 수 없기 때문이다.

어떤 대상에 관념을 관련시키는 것은 대상이 그 자체 안에 갖고 있지 않은 징표나 특성을 외부에서 이름 붙이는 것(extraneous denomination)이지만, 어떤 대상의 관념을 형성하는 것과 단순히 어떤 관념만을 형성하는 것은 동일한 것이다. 양과 질을 갖지만, 그것의 정확한 정도를 전혀 갖지 않는 대상에 대한 관념을 형성할 수 없으므로, 일정한 양과 질에 얽매이지도 한정되지도 않는 어떤 관념을 형성한다는 것은 불가능하다. 따라서 추상 관념들은 자신들이 재현하는 것에서는 일반적일 수 있다고 하더라도, 그 자체로는 개별적이다. 우리가 추론할 때 정신에 있는 심상(image)을 마치 보편

적인 것처럼 사용하더라도, 그것은 어떤 개별적 대상의 심상일 뿐이다.(pp. 19-20)

마음에 직접적으로 현전하는 관념과 여러 측면에서 상이한 다른 개별자들에게 동일한 단어가 자주 사용되는 것으로 가정되는 것처럼, 그 단어는 모든 개별자들의 관념을 재생하는 것이 아니라 영혼을 자극할 뿐이며, 우리가 개별자들을 둘러봄으로써 획득한 습관을 되살아나게 할 뿐이다. 그 개별자들이 실제로 정신에 현전하는 것은 아니며, 다만 정신에 영향을 끼칠 뿐이다. 우리가 상상력에서 그 개별자들을 모두 낱낱이 찾아낼 수도 없지만, 우리는 현재의 의도나 필요에 이끌리게 되었을 때, 그것들 중 어떤 것을 쉽게 둘러볼 수 있다. 그 단어는 어떤 습관과 함께 개별 관념을 떠올리며, 그 습관은 우리가 필요한 다른 어떤 개별 관념을 낳는다.(pp. 20-21)

제2부

공간관념과 시간관념에 관하여

제1절 공간관념과 시간관념의 무한 분할 가능성에 관하여

상상력은 최소인 것(minimum)에 도달하여 더 이상의 세분을 생각할 수도 없고, 완전히 소멸되지 않는 한 더 축소될 수도 없는 종류의 관념을 스스로 불러일으킬 수 있다. 당신이 나에게 모래 한 알의 천분의 일과 만분의 일을 이야기할 때, 나는 그 수들과, 그 수들의 서로 다른 크기에 관한 별개의 관념(a distinct idea)을 갖는다.

그러나 내가 사물들 자체를 재현하기 위하여 나의 정신에 형성한 심상들은 서로 다를 바 없으며, 심상들보다 훨씬 크다고 가정할 수도 있는 모래알 자체를 재현하는 심상보다 그 심상들이 작지도 않다. 부분으로 구성된 것은 부분으로 구별될 수 있으며, 구별될 수 있는 것은 분리될 수 있다. 그러나 우리가 사물에 대하여 상상할 수 있는 것이 무엇이든, 모래 한 알의 관념은 스무 개로 구별되거나 분리될 수 없으며, 더욱이 그것이 천, 만, 또는 서로 다른 많은 관념으로 구별되거나 분리될 수 없다.

감각의 인상도 상상력의 관념과 마찬가지이다. 종이 위에 잉크로 점을 하나 찍고, 당신의 시선을 그 점에 고정시킨 다음, 마침내 당신이 그 점을 볼 수 없을 정도의 거리로 물러서 보라. 그 점이 사라지기 직전의 심상이나 인상이 전혀 분할될 수 없는 것은 분명하다. 멀리 떨어진 물체의 최소 부분들이 감지할 수 있는 인상을 전혀 전달하지 않는 것은 우리 눈을 자극하는 광선의 결핍 때문이 아니라, 그 물체의 인상이 최소의 것으로 축소되어 더 이상 작아질 수 없을 정도의 거리 이상으로 그 물체가 멀어졌기 때문이다. 그런 물체를 볼 수 있게 해 주는 현미경이나 망원경은 어떤 새로운 광선을 산출하는 것이 아니라, 물체가 늘 발산하는 빛을 확산시킬 뿐이다. 그 현미경과 망원경을 통해 우리는 육안에 단순하고 비복합적으로 나타나는 인상에 부분들을 부여하고, 그 전에는 지각할 수 없었던 최소의 것으로 나아간다.(pp. 27-28)

제2절 공간과 시간의 무한 분할 가능성에 관하여

관념이 대상을 적확하게 재현한 것이라면, 관념의 관계, 모순, 일치 등은 모두 대상에도 적용된다. 그리고 일반적으로 이것이 모든 인간 지식의 기초라고 볼 수 있다. 그러나 우리의 관념은 연장의 최소 부분에 대한 적확한 재현이다. 그리고 분할과 세분을 통해서 이 부분들에 이르게 된다고 가정할 수 있지만, 그것들이 우리가 형성하는 어떤 관념들보다 작게 될 수는 없다. 관념의 비교에서 불가능하고 모순으로 현상하는 것은 무엇이든, 어떤 변명이나 핑계의 여지없이 실제로도 불가능하며 모순이어야 한다는 것은 분명한 귀결이다.

무한히 분할될 수 있는 것은 모두 무한한 수의 부분을 포함한다. 그렇지 않으면 우리가 분할될 수 없는 부분들에 도달하면, 곧 그 부분들에 의해서 그 분할은 중단될 것이다. 따라서 유한한 연장이 무한히 분할될 수 있다면, 유한한 연장이 무한한 수의 부분을 포함한다고 가정하는 것이 모순일 수 없다. 그리고 그 반대로 유한한 연장이 무한한 수의 부분을 포함한다고 가정하는 것이 모순이라면, 무한히 분할될 수 있는 유한한 연장은 있을 수 없다.

그러나 명석한 관념들을 숙고해 봄으로써 이 후자의 가정이 불합리하다는 것을 알 수 있다. 나는 우선 연장의 한 부분에 대하여 내가 형성할 수 있는 최소의 관념을 다루어 보고,

이 관념보다 더 작은 관념이 없는 것은 확실하므로, 이러한 방식으로 내가 발견한 모든 것이 연장의 실제 성질이 틀림없다는 결론을 내린다. 그리고 나는 이 관념을 마침내 그 크기가 동일한 관념을 반복하는 것에 비례하여 상당한 양으로 모아질 때까지 한 번, 두 번, 세 번 계속 반복하고, 그것의 반복에서 발생하는 연장의 복합 관념이 언제나 두 배, 세 배, 네 배 등으로 증대되는 것을 발견했다. 내가 부분을 덧붙이는 것을 멈출 때, 연장의 관념도 더 증대되지 않는다. 만약 내가 계속해서 부분을 무한히 덧붙인다면, 나는 분명히 연장의 관념 또한 무한하게 되지 않을 수 없다는 것을 지각할 것이다.

대체로 내가 내리는 결론은 무한한 수의 부분에 대한 관념은 개별적으로 무한한 연장의 관념과 동일한 관념이며, 그리고 무한한 수의 부분을 포함하는 유한한 연장은 없으므로, 결과적으로 무한히 분할될 수 있는 유한한 연장은 결코 없다는 것이다.(pp. 29-30)

제3절 공간관념과 시간관념의 다른 성질들에 관하여

인상과 관념, 그리고 반성의 인상과 감각의 인상 등과 같이 모든 종류의 지각이 계기하는 데서 유래하는 시간의 관념은 우리에게 추상 관념의 실례를 제공해 주는데, 이 시간관념은 공간관념보다 더욱 큰 다양성을 포함하면서도 일정한 양과 질을 갖는 어떤 특정한 개별 관념에 의해 공상 안에 재현된다.

우리는 볼 수 있고 만질 수 있는 대상들의 배열에서 공간 관념을 받아들이듯이, 관념들과 인상들의 계기에서 시간관념을 형성한다. 시간이 홀로 현상할 수 없고, 정신이 시간만 알 수도 없다. 깊은 잠에 빠지거나 어떤 생각에 몰두한 사람은 시간을 감지할 수 없으며, 그의 지각들이 서로 빠르거나 느린 속도로 계기함에 따라, 바로 그 계기와 동일한 지속 기간이 그의 상상력에 길게 또는 짧게 나타난다.

위대한 철학자 로크의 주장에 따르면, 우리의 지각은 정신의 근원적 본성과 구성에 의해 결정되는 한계를 갖는데, 감관에 대한 외부 대상의 영향력은 결코 이 한계를 넘어서까지 우리의 사유를 진전시키거나 지체할 수는 없다고 한다. 당신이 활활 타오르는 석탄을 빠른 속도로 빙빙 돌린다면, 그것은 당신에게 불로 된 원의 심상을 제공할 것이다. 그 회전에는 어떤 시간적 간격도 없는 것처럼 여겨질 것이다. 오직 외부 대상의 운동 속도와 동일한 빠르기로 우리의 지각이 계기할 수 없기 때문이다. 우리가 계기적으로 지각할 수 없는 모든 경우에, 대상의 계기가 실재하더라도 우리는 시간을 짐작할 수조차 없다. 다른 모든 현상과 마찬가지로 이 현상에서 우리가 내릴 수 있는 결론은, 시간이 그것만으로 또는 고정불변의 대상에 수반되어 정신에 나타날 수 없지만, 시간은 언제나 변화할 수 있는 대상들의 지각할 수 있는 계기에 의해 발견된다는 것이다.(p. 35)

제4절 반론들에 대한 해명

시간과 공간이 분해된 부분들은 마침내 분할할 수 없게 된다. 그 자체로는 무(無)인 이 분할할 수 없는 부분들은 실재적이고 존재하는 것으로 채워지지 않는다면 생각될 수도 없다. 따라서 시간관념과 공간관념은 분리된 관념 또는 독립적 관념들이 아니라, 대상들이 존재하는 방식 또는 그 질서에 대한 관념이다. 또는 바꾸어 말하자면 물질 없이 진공과 연장을 생각하는 것은 불가능하며, 실재하는 존재의 계기나 변화가 없을 때, 시간을 생각하는 것도 불가능하다.(pp. 39-40)

제3부

지식과 개연성에 관하여

제1절 지식에 관하여

일곱 개의 철학적 관계들 가운데 오직 관념에만 의존함으로써 지식이나 확실성의 대상일 수 있는 것은 네 개만 남게 된다. 이 네 관계가 유사, 반대, 성질의 정도, 그리고 양 또는 수의 비례이다. 이 관계들 가운데 세 가지는 첫눈에 발견할 수 있으며, 논증보다는 직관의 영역에 포함시키는 것이 더 적합할 것이다. 어떤 대상들이 서로 유사할 때, 그 유사는 처음에 눈을, 아니 그보다 정신을 자극할 것이다. 그리고 이와 같은 유사성은 거의 더 이상 검토할 필요가 없다.

이것은 반대와 어떤 성질의 정도 등의 경우에도 마찬가지이다. 존재와 비존재가 서로 혼동될 수 없으며, 완전히 양립

할 수 없고, 그것들이 반대라는 것을 단 한 번이라도 의심할 수 있는 사람은 아무도 없다. 그리고 색, 맛, 뜨거움, 차가움 등과 같은 성질의 정도들에 아주 작은 차이가 있을 때는 그 성질의 정도에 관하여 정확하게 결정할 수는 없겠지만, 그 정도의 차이가 상당할 때는 그것들 가운데 어떤 것이 다른 것보다 우세인지 열세인지를 결정하기는 쉽다. 그리고 우리는 다른 어떤 탐구나 추론 없이도 늘 첫눈에 이런 결정을 내린다.

우리는 양이나 수의 비율을 같은 방식으로 확정할 수 있으며, 특히 그 차이가 아주 현저한 경우에는 어떤 수나 도형들 사이의 크고 작음을 한눈에 살펴볼 수 있을 것이다. 아주 작은 수 또는 연장의 매우 작은 부분과 같은 경우는 예외로 하더라도, 대등이나 어떤 정확한 비율에 관해서 우리는 오직 사유만으로 그것을 추측할 수 있을 뿐이다. 아주 작은 수 또는 연장의 매우 작은 부분은 단숨에 파악되는데, 이 경우에 우리는 우리가 엄청난 오류에 빠질 수 없다는 것을 지각한다. 다른 모든 경우에 우리는 어느 정도 자유롭게 비율을 정해야 하거나 또는 더욱 인위적(artificial)인 방식으로 처리해야 한다.

이미 살펴보았듯이, 우리가 도형의 비율을 결정하는 기술(the art)이나 기하학은 보편성과 엄밀성 모두에서 감각이나 상상력의 허술한 판단을 훨씬 능가하지만, 결코 완전한 엄밀성과 정확성을 얻지는 못한다. 우리는 기하학의 제1원리들도 역시 대상들의 일반적 현상으로부터 끌어냈다. 그리고 자연이 허용하는 형언할 수 없을 정도로 작은 것을 우리가 검토할 때, 그 현상은 우리에게 결코 어떤 담보도 제공할 수 없다. 공통 선분을 가질 수 있는 두 직선은 전혀 없다는 것을 완전히 확증해 주는 것은 우리 관념인 것 같다.

그러나 우리가 이 관념들을 숙고해 본다면 다음과 같은 사실을 발견할 것이다. 즉 그 관념들은 두 선분의 감지할 수 있는 기울기를 늘 가정하고 있으며, 또 그 선분들이 이루는 각이 너무 작은 경우에, 우리는 이 명제의 진리를 우리에게 보증해 줄 만큼 직선의 엄밀한 기준을 전혀 갖지 못한다. 기하학(mathematics)의 주요 공리들(decisions)도 대부분 이와 마찬가지이다.

따라서 대수와 산수는 우리가 어느 정도 복잡하게 연쇄적으로 추리를 해도 완전한 정확성과 확실성을 유지하는 유일한 학문으로 남는다. 우리는 수들의 대등과 비율에 관해 판단할 수 있는 엄밀한 기준을 갖고 있으며, 수가 이 기준에 대응하는지 그렇지 않은지에 따라, 전혀 오류를 범하지 않고도 그 수들의 관계를 결정한다. 두 수들 중 하나가 다른 수의 모든 단위들과 언제나 일치하는 한 단위를 갖는 조합을 이루고 있을 때, 우리는 그것들이 대등하다고 단언한다. 연장에는 그와 같은 대등의 기준이 없으므로 기하학은 완전하고 불가

오류적 학문으로 평가되기 어렵다. (pp. 70-71)

제2절 개연성 및 원인과 결과의 관념에 관해서

그렇다면 여기서 관념들에만 의존하지 않는 세 가지 관계들 가운데 유일하게 감관을 넘어가서, 우리가 볼 수도 없고 느낄 수도 없는 존재들과 대상들을 우리에게 알려주는 것은 오직 인과뿐이라는 것이 명백하다. 그러므로 오성이라는 주제를 떠나기에 앞서 우리는 이 관계를 완전히 설명하도록 노력해야 하겠다.

순서대로 하자면, 우리는 먼저 인과 관념을 고찰해야 하며, 그 관념이 유래하는 기원이 무엇인가를 살펴보아야 한다. 우리는 우리가 추리하는 관념을 완전히 이해하지 않고서는 타당하게 추리할 수 없다. 그리고 관념이 발생하는 최초 인상을 검토하지 않고서는, 그리고 관념을 그 기원에까지 추적해보지 않고는 어떤 관념을 완전히 이해할 수 없다. 인상을 검토하는 것은 관념을 명료하게 해 주고, 관념을 검토하는 것은 우리의 모든 추론을 명료하게 해 준다.

그러면 그처럼 아주 중요한 관념을 낳는 인상을 찾기 위해 우리가 원인과 결과라고 일컫는 두 대상들로 눈을 돌려, 그 대상들을 샅샅이 살펴보자. 나는 내가 대상들의 개별적 성질들 가운데 어떤 것에서 그 인상을 찾아서는 안 된다는 것을 첫눈에 지각한다. 내가 이 성질들 가운데 어떤 것을 선택하더라도, 그 인상을 갖지 않으면서도 원인이나 결과라는 명칭(denomination)에 해당하는 어떤 대상을 발견하기 때문이다.

그리고 보편적으로 모든 존재자들에게 속하면서, 그 존재자들에게 그 명칭에 걸맞은 자격을 부여하는 어떤 성질이 없다는 것은 분명하지만, 그럼에도 불구하고 실제로 외부적이든 내부적이든 원인이나 결과로 여겨지지 않는 것은 전혀 존재하지 않는다.

그렇다면 인과 관념은 대상들 사이의 어떤 관계에서 유래하는가? 우리는 이제 그 관계를 찾기 위해 힘써야 한다. 먼저 내가 알 수 있는 것은 원인이나 결과라고 여겨지는 대상들은 그것이 무엇이든 모두 인접해 있으며, 그 대상들이 존재하는 시간이나 공간에서 조금이라도 멀어진 시간이나 장소에서 작용할 수 있는 것은 결코 없다는 것이다. 이따금 동떨어진 대상들이 서로를 산출하는 것처럼 여겨질 수도 있지만, 좀더 검토해 보면 그 대상들이 대개 그것들 사이의 인접한 연쇄적 원인들에 의해서 멀리 떨어진 대상들에 이르기까지 연결된다는 것을 발견할 수 있다. 어떤 특수한 사례에서는 우리가 이 연관을 발견할 수 없을지라도, 우리는 여전히 그와 같은 연관이 존재하는 것으로 추정한다. 그러므로 우리는 인과 관계에서 인접성이라는 관계가 본질적이라고 생각할 수 있을

것이다.(p. 75)

내가 살펴볼 두 번째 관계는, 원인과 결과의 본질적인 관계로서 보편적으로 인정되기보다는 자칫하면 오히려 논쟁거리가 될 수도 있는데, 결과에 앞서는 원인의 시간적 우선성의 관계이다. 어떤 사람은 주장하기를 원인이 그 결과보다 앞서야 한다는 것이 반드시 필연적인 것은 아니며, 어떤 대상이나 작용은 자신이 존재하게 되는 최초의 순간에 자신의 산출적 성질(productive quality)을 발휘하여, 자신과 공시적으로 완전히 다른 대상이나 작용을 일으킬 수도 있다고 한다.

그러나 대부분의 사례에서 경험하듯이 이 견해와 모순으로 여겨지는 점은 제쳐 두더라도, 우리는 일종의 추정이나 추론에 의해 우선성의 관계를 확정할 수 있을 것 같다. 어느 정도의 시간 동안 다른 것을 산출하지 않고 온전히 존재하는 대상은 그 자신의 독자적 원인이 아니라, 그 대상을 그것의 정적 상태에서 밀쳐 내서 그것이 은밀하게 지닌 원동력을 발휘하도록 하는 다른 어떤 원리의 도움을 받는다. 이는 자연 철학과 도덕 철학 모두에서 확립된 공리이다. 그런데 어떤 원인이 그 결과와 완전히 공시적일 수 있다고 하더라도, 이 공리에 따라 그 원인과 결과는 독자적 원인이나 결과도 아니어야 한다는 것은 확실하다. 원인과 결과 가운데 어떤 것이 단한 순간 그 작용을 지체하여 그것이 작용할 바로 그 순간에 작용하지 않으므로, 그러한 것은 타당한 원인이 아니기 때문이다. 이것의 귀결은 우리가 세계에서 관찰하는 원인들의 계기를 파괴하는 것과 다를 바 없을 것이며, 실제로 시간의 완전한 소멸이다. 어떤 원인이 결과와 동시적이며, 이 결과는 결과의 결과와 공시적이라는 것이 계속된다면, 계기하는 것은 전혀 있을 수 없으며, 모든 대상이 공존해야 한다는 것은 분명하기 때문이다.(p. 76)

원인과 결과에 있어서 본질적인 것인 인접과 계기라는 두 관계를 이처럼 발견하거나 가정한다면, 나는 내가 원인과 결과라는 단 하나의 사례를 고찰하는 데서 멈추고 더 이상 고찰할 수도 없다는 것을 깨닫는다. 어떤 물체의 운동은 다른 물체의 운동 원인인 충격으로 간주된다. 우리가 주의력을 최대한 집중하여 이 대상들을 고찰해 보면, 발견할 수 있는 것은 하나의 물체는 다른 물체에 접근하며, 그것의 운동은 다른 물체의 운동에 대해 감지할 수 있는 간격도 없이 선행한다는 것뿐이다.(pp. 76-77)

그러면 우리는 인접과 계기라는 이 두 관계가 인과의 완전한 관념을 제시한다는 것으로 만족하고 말 것인가? 결코 그렇지는 않다. 어떤 대상은 그것이 원인으로 간주되지 않고도 다른 대상에 대하여 인접해 있으면서 앞설 수 있을 것이다. 필연적 연관이라고 여겨지는 것이 있는데, 이 관계는 앞에서

언급했던 다른 어떤 것보다 훨씬 중요하다.(p. 77)

첫째, 어떤 이유에서 우리는 존재의 발단을 갖는 것들은 모두 그것마다 하나의 원인을 갖는다는 것을 필연적이라고 단언하는가?

둘째, 왜 우리는 개별적 원인은 필연적으로 개별적 결과를 가져야 한다고 결론짓는가? 그리고 우리가 원인으로부터 결과를 끌어내는 추정(inference)의 본성은 무엇이며, 또 이 추정에서 우리가 의지하는 신념의 본성은 무엇인가? (p. 78)

제3절 왜 원인은 언제나 필연적인가?

모든 결과는 각각 필연적으로 하나의 원인을 전제한다. 결과는 원인이 상관하는 관계항(a relative term)이기 때문이다. 그러나 이것이 모든 존재는 반드시 원인에 의해 나타난다는 것을 증명하지는 않는다. 그것은 모든 남편들은 아내가 있어야 하기 때문에, 모든 남성은 반드시 결혼해야 한다는 결론이 나올 수 없는 것과 다를 바 없다. 문제의 실상은 존재하기 시작한 모든 대상들이 반드시 원인에 의해서 존재하는가 하는 것이다.(p. 82)

모든 새로운 산출에는 각각 하나의 원인이 필요하다는 견해를 우리가 지식이나 어떤 학문적 추론에서 끌어내었던 것은 아니기 때문에, 그러한 견해는 반드시 경험이나 관찰에서 유래한다. 그러면 다음 문제는 당연히 경험이 어떻게 그런 원리의 근원인가 하는 것이다. 그러나 이 문제를 왜 개별적 원인은 반드시 개별적 결과를 갖는다고 결론 내리는가, 그리고 왜 어떤 것에서 다른 것을 추정하는가 라는 물음에 포함시키는 것이 더 편리하다는 것을 깨달았으므로, 이 물음을 앞으로 우리가 탐구할 주제로 삼겠다. 아마 결국 이 두 물음에 대해서 동일한 대답을 할 수 있다는 것을 알게 될 것이다.(p. 82)

제4절 원인과 결과에 관한 추론의 구성 요소들에 관하여

원인이나 결과로부터 추론하는 정신의 시야는 정신이 보거나 기억하는 대상들을 초월하지만, 그 대상들에 대한 시각을 결코 완전히 버릴 수 없으며, 그 자신의 관념을 인상이나 적어도 인상과 대등한 기억의 관념과 혼합하지 않고 오직 정신의 관념만으로 추리할 수도 없다. 우리가 원인으로부터 결과를 추정할 때, 우리는 원인의 존재를 받아들이지 않으면 안 된다. 우리가 원인의 존재를 받아들이는 방식은 둘뿐이다. 즉 우리는 우리의 기억이나 감관의 직접적 지각에 의하거나, 다른 원인들로부터 추정하여 원인의 존재를 받아들인다. 같은 방식으로 이 다른 원인을 현전하는 인상을 통해서 다시 확인하든가, 우리가 보거나 기억하는 어떤 대상에 도달할 때까지 그것들의 원인들을 계속해서 추정함으로써 확인해야 한다. 우리가 이 추정을 무한히 계속하는 것은 불가능하다. 이 추정을 멈출 수 있는 것은 오직 기억의 인상이나 감관의 인상뿐인데, 이런 인상 너머에는 의심하거나 탐구할 여지가 없다.(pp. 82-83)

제5절 감관의 인상과 기억의 인상에 관하여

기억과 감관들에 언제나 붙어 다니는 신념이나 동의는 기억과 감관의 지각들이 나타내는 지각들의 생동성일 뿐이라는 것이 명백하며, 오직 생동성만이 기억과 감관을 상상력과 구별할 수 있다고 여겨진다. 이 경우에 믿는다는 것은 감관의 직접적 인상을 느끼는 것이거나, 기억에 있는 인상의 반복을 느끼는 것이다. 오직 지각의 힘과 생동성이 판단 작용의 주요 성질이며, 우리가 원인과 결과의 관계를 추적할 때 그 힘과 생동성은 지각을 기초로 하는 우리 추론의 토대를 마련한다.(p. 86)

제6절 인상에서 관념을 추정하는 것에 관하여

언제나 함께 결합되어 있으면서 과거의 모든 사례들에서 분리될 수 없는 것으로 알려진 어떤 대상들을 제외하면, 우리는 원인과 결과에 대하여 전혀 알 수 없다. 우리는 그와 같은 결부의 이유를 꿰뚫어볼 수 없다. 우리는 사물 자체를 관찰할 뿐이며, 언제나 항상적 결부로부터 상상력 안에서 대상들이 합일된다는 것을 발견한다. 어떤 것의 인상이 우리에게 나타나게 될 때, 우리는 곧 그것을 늘 수반하는 것에 대한 관념을 형성한다. 결과적으로 우리는 이것을 현전하는 인상과 관계되거나 연합된 관념을 의견이나 신념에 대한 정의의 일부로 확정할 수 있을 것이다.

따라서 인과가 인접, 계기 그리고 항상적 결부를 포함하기 때문에 철학적 관계라고 할지라도, 오직 인과가 자연적 관계이고 우리 관념들 사이의 합일을 산출하는 한에 있어서만, 우리는 인과에 따라 추리할 수 있고, 인과로부터 어떤 것을 추정할 수 있다.(pp. 93-94)

제7절 관념 또는 신념의 본성에 관하여

우리가 다른 대상으로부터 한 대상의 존재를 추정할 때 정신은 무한히 추정할 수 없으므로, 우리 추론의 기초를 위하여 어떤 대상이 언제나 기억이나 감관에 현전해야만 한다. 어떠한 대상의 존재가 다른 대상의 존재를 언제나 함축하고 있다는 것을 이성이 우리에게 납득시킬 수 없다. 따라서 우리가 한 대상의 인상에서 다른 대상의 관념이나 신념으로 옮겨 갈 때, 우리는 이성에 의해 결정하는 것이 아니라, 습관 또는 연합의 원리에 의해 결정하게 된다.

그러나 신념은 단순 관념 이상의 그 무엇이다. 신념은 관념을 형성하는 특정한 방식이다. 동일한 관념은 자신의 힘과 생동성이 변하는 정도에 따라 변화될 수밖에 없다. 따라서 앞의 정의에 의하면 대체로 신념은 현전하는 인상과 관계함으로써 산출된 생동적 관념(lively idea)이라는 결론에 이른다.(p. 97)

제8절 신념의 원인들에 관하여

인과의 영향력이 유사와 인접이라는 두 관계와 같다는 것을 의심할 수 있는 사람은 아무도 없다. 미신에 빠진 사람들이 자신들의 신심을 북돋우고, 자신들이 본받고자 하는 성인들의 모범적 삶에 관한 더욱 친밀하고 강렬한 생각을 상징물이나 심상에 부여하기 위하여 상징이나 심상을 추구하는 것과 같은 이유에서, 그들은 성인의 유품과 성인을 맹신하는 것이다. 그렇다면 광신도가 손에 넣을 수 있는 유품 가운데 가장 좋은 것은 성인의 손때 묻은 물건들이라는 것이 분명하다. 성인의 옷이나 가구를 늘 이런 관점에서 고려해야 한다면, 그 이유는 광신도가 그 옷이나 가구를 자신의 뜻대로 처분하고 사용하며 꾸미기 때문이다.

이런 측면에서 그 유품들은 우리가 성인이라는 존재의 실재성을 알 수 있는 것보다는 불충분한 연쇄적 결론들에 의해 성인과 연관되는 만큼 그것들은 불완전한 결과로 간주된다.

이런 현상이 명쾌하게 증명하는 것은 인과 관계를 갖는 현전하는 인상이 어떤 관념을 생생하게 할 수 있으며, 결과적으로 앞서 신념을 정의한 바에 따르면 그 인상이 신념이나 동의를 산출한다는 것이다.(p. 101)

두 번째 관찰에서 나는 신념이 현전하는 인상에 수반되며, 수많은 과거 인상들 및 결부들에 의해 산출된다는 결론을 내린다. 말하자면 이 신념은 이성이나 상상력의 새로운 작용이 전혀 없어도 곧장 발생한다는 것이다. 나는 그와 같은 작용에 대해서 전혀 의식하지 못하며, 또 그와 같은 작용의 토대일 수 있는 대상(subject)에서 어떤 것도 발견할 수 없으므로, 이 것을 확신할 수 있다. 이제 우리는 모든 것을 과거의 반복에서 나타나는 습관(custom)이라고 부름으로써, 새로운 추론이나 결론 없이도 현전하는 인상에 따라 나타나는 신념은 모두 오직 습관이라는 기원에서만 유래한다는 것을 확실한 진리로 확정할 수 있을 것이다. 우리가 서로 결합된 두 인상을 보는 데 익숙해 있을 때, 한 인상의 출현 또는 그 인상의 관념은 우리를 다른 인상의 관념으로 직접적으로 안내한다.(p. 102)

모든 개연적 추론은 감각의 일종일 뿐이다. 시나 음악에서뿐만 아니라 철학에서도 우리는 우리의 취향과 정서에 따를 수밖에 없다. 내가 어떤 원리를 확신할 때, 그것은 나를 더욱 강력하게 자극하는 관념일 뿐이다. 내가 어떤 논변을 다른 것보다 선호할 때, 그 논변의 영향력이 갖는 탁월성을 내가 느낌으로써 결정할 수밖에 없다. 대상들은 발견할 수 있는 연관을 갖지 않는다. 우리가 한 대상의 출현에서 다른 대상의 존재를 추정할 수 있는 그 연관은 상상력에 작용하는 습관 이외의 어떤 원리에서도 유래하지 않는다.(p. 103)

제9절 다른 관계와 다른 습관의 결과에 대하여

우리가 어릴 때부터 친숙해진 것들에 대한 의견과 견해들은 뿌리가 너무 깊어서 이성과 경험의 능력들을 모두 동원해도 그 뿌리를 뽑는다는 것은 거의 불가능하다. 이 버릇은 경험의 영향에 버금갈 뿐만 아니라, 여러 경우에 원인과 결과의 항상적이고 불가분적 결합에서 발생한 것을 능가하기도 한다. 여기서 우리는 관념의 생동감이 신념을 산출한다고 말하는 것으로 만족해서는 안 되며, 그 생동성과 신념은 불가분적으로 동일한 것이라고 단언하지 않으면 안 된다. 어떤 관념을 자주 반복하는 것은 그 관념을 상상력에 새겨 넣지만, 그 정신의 작용이 비록 우리 본성의 근원적 구조에 의해 오직 관념들을 추론하고 비교하는 것에 수반된다고 하더라도 그 반복 자체에서 신념을 산출할 수 없다. 습관은 우리가 관념들을 잘못 비교하도록 할 수도 있다. 이것이 우리가 생각할 수 있는 습관의 가장 극단적인 결과이다.

그러나 습관은 그와 같은 비교의 장을 제공할 수 없으며, 비교의 원리에 당연히 속하는 어떤 정신 작용도 산출할 수 없다는 것은 확실하다. 절단 수술로 다리나 팔을 잃어버린 사람은 그 뒤로도 오랫동안 자신이 잃어버린 수족을 사용하려고 한다. 어떤 사람이 죽은 뒤에, 그의 가족들은 모두 그가 죽었다는 사실을 거의 믿을 수 없어서, 자신들이 자주 만났던 장소나 아니면 그의 방에 그가 있을 것이라고 착각한다. 어떤 사람이 유명한 사람에 대해 이야기한 다음에, 그와 전혀 안면이 없는 사람이 그를 만났다는 공상에 잠길 정도로 그에 대한 이야기를 자주 들었다고 말하는 것을 나는 자주 듣는다. 이런 것은 모두 비슷한 사례들이다.

만약 우리가 교육으로부터 비롯하는 이 논변을 적절한 관점에서 고려해 본다면, 그 논변은 매우 신빙성이 있는 것 같다. 그리고 그 논변은 우리가 어디서나 부딪히는 가장 평범한 현상에 기초를 두고 있다는 점에서 더욱 신빙성이 있는 것 같다. 조사해 보면 우리는 인류에게 널리 퍼져 있는 의견들 가운데 절반 이상이 교육에서 유래한다는 것을 알게 될 것이며, 이처럼 무의식적으로 마음속에 새겨진 원리들은 추상적 추론이나 경험에서 유래하는 원리들보다 더 큰 비중을 차지한다는 것을 나는 확신한다. 거짓말쟁이는 거짓말을 자주 반복함으로써 마침내 그 거짓말들을 기억하게 된다.

따라서 바로 이 반복에 의해서 판단력 또는 상상력은, 감관과 기억이나 이성 등이 우리에게 제시하는 관념들과 동일한 방식으로 그 관념들이 정신에 작용할 수 있을 만큼 자신에게 강력하게 각인된 관념들을 가질 수도 있으며 또 그 관념들을 완전한 양상으로 표상할 수도 있다. 실제로 교육은 우리가 원인과 결과로부터 추론하는 것과 마찬가지로 습관과 반복이라는 동일한 기초 위에 확립되었다. 그러나 교육은 인위적 원인이지 자연적 원인이 아니므로, 또 교육의 공리들은 자주 이성과 반대되며 더욱이 때와 장소가 다르면 그 공리들 자체와도 반대되므로, 바로 이것 때문에 철학자들은 교육을 인정하지 않는다.(PP. 116-117)

제10절 신념의 영향에 관하여

자연은 중간을 택해서 모든 선과 악의 관념에 의지를 움직이는 능력을 부여하지 않았으며, 그러한 관념을 이러한 영향에서 완전히 배제하지도 않았다. 근거 없는 허구가 효력이 없다고 할지라도, 우리는 경험적으로 다음과 같은 사실을 안다. 우리가 존재하거나 존재할 것이라고 믿는 대상들의 관념은 감관이나 지각에 직접 현전하는 인상과 동일한 결과를 다소 낮은 정도로 산출한다.

그렇다면 신념의 효력은 단순 관념을 우리의 인상과 대등하게 끌어올리는 것이며, 정념에 부여한 것과 같은 영향력을 관념에도 부여한다. 신념은 관념을 힘과 생동성 측면에서 인상과 엇비슷하도록 함으로써 이러한 효력을 가질 수 있을 뿐이다. 서로 다른 힘의 정도가 곧 인상과 관념의 근원적 차이이므로, 그 차이는 결과적으로 이 지각들의 결과가 갖는 차이의 원천이며, 전체적이든 부분적이든 이 차이가 제거되면 인상과 관념은 모든 새로운 유사성의 원인을 획득한다. 우리가 힘과 생동성에서 관념을 인상들과 엇비슷하게 할 수 있는 모든 경우에 관념도 마찬가지로 정신에 끼치는 영향에서 인상들을 모방한다.

그 반대도 마찬가지인데, 지금의 경우처럼 관념이 영향력의 측면에서 인상을 모방한다면, 이것 또한 힘과 영향력에서 관념이 인상과 엇비슷해지는 데서 비롯됨은 틀림없다. 따라서 신념은 관념이 인상의 효력을 닮도록 하는 원인이므로, 신념은 관념이 이러한 성질들에서 인상을 닮도록 해야 하며, 신념은 어떤 관념에 대한 더욱 생생하고 강렬한 사유 작용일 뿐이다. 그러므로 이것은 이 학문의 체계를 위한 부차적 논변으로 사용될 수 있으며, 또 우리가 인과적으로 추론한 것이 의지와 정념들에 작용할 수 있는 방식에 대해서도 짐작할 수 있도록 해 줄 것이다.

신념은 우리의 정념을 불러일으키는 데 거의 절대적으로

필요하므로 정념은 때가 되면 신념과 매우 흡사하게 되며, 유쾌한 정서를 전달할 뿐만 아니라 고통을 주기도 하는데, 이러한 사실들로 미루어 볼 때 정념은 더욱 쉽게 신앙과 의견의 대상들로 된다. 쉽게 두려움을 느끼는 겁쟁이는 자신이 마주쳤던 위험 요인들을 모두 쉽게 수긍한다. 쓸쓸하고 우울한 기질을 가진 사람은 자신을 지배하고 있는 정념을 조장하는 것이면 무엇이든 너무 쉽게 믿는다. 어떤 애처로운 대상이 나타났을 때, 그것은 특히 본래 그 정념에 예민한 사람에게 신호를 보내며 곧 그것 고유의 정념을 일정한 정도로 불러일으킨다. 앞의 체계에 따르면 이 정서는 거침없는 전이(an easy transition)를 통해 상상력으로 옮겨가며, 애처로운 대상의 관념에 스스로 스며들어, 우리가 아주 강한 힘과 생동성을 가진 관념을 형성하도록 하고 마침내 그 관념에 동조하도록 한다. 감탄이나 놀라움도 다른 정념과 같은 효과를 갖는다.(pp. 119-120)

제11절 우연들의 개연성에 관하여

완전한 무차별(indifference)이 우연의 본질적 속성이므로, 보다 많은 수의 대등한 우연이 결합된 형태를 제외하면 다른 것보다 우세한 우연은 있을 수 없다. 하나의 우연이 다른 어떤 방식에 따라 다른 우연보다 우세할 수 있다는 것을 우리가 긍정한다면, 동시에 우연에 우세함을 부여하고 다른 측면보다는 바로 그 측면에서 사건을 결정하는 무엇이 있다는 것도 긍정해야 한다. 바꾸어 말하자면 우리는 원인을 인정해야 하고 우리가 앞서 확정했던 우연의 가정을 파괴해야 한다. 완전하고 전체적인 무차별은 우연에 대해서 본질적이며, 전체적인 무차별이 그 자체에서 다른 것보다 우세하거나 열세일 수 없다. 이 진리는 나의 체계 특유의 것이 아니라, 우연을 산정(calculation)하는 사람마다 모두 인정하고 있다.(p. 125)

제12절 원인들의 개연성에 관하여

모든 개연성마다 각각 반대의 가능성이 있다. 이 가능성은 그 본성상 개연성의 부분들과 완전히 같은 부분들로 합성되어 있으며, 결과적으로 그 부분들은 정신과 오성에 같은 영향을 끼친다. 개연성을 수반하는 신념은 혼합된 결과이며, 개연성의 각 부분들에서 나타난 여러 결과를 통합함으로써 형성된다. 따라서 개연성의 각 부분들은 신념을 산출하는 데 기여하며, 가능성의 각 부분들은 반대의 측면에 대해서도 동일한 영향을 끼친다. 이 부분들의 본성은 완전히 동일하다. 가능성에 수반되는 상반된 신념은 개연성이 어떤 대상에 대해 상반된 시각을 함축하는 것과 마찬가지로 어떤 대상에 대해 하나의 시각을 갖는다. 이 경우에 신념의 두 정도는 모두 비슷하다. 한쪽에 있는 비슷한 구성 부분들의 수적 우세가 영향력을 발산하고 다른 측면의 수적 열세를 압도하는 유일한 방식은 그 대상에 대해 보다 강력하고 생생한 시각을 산출하는 데 있다. 모든 부분들은 각각 하나의 개별적 시각을 산출하며, 이 모든 시각들이 한데 뭉쳐 하나의 일반적 시각을 산출하는데, 이 일반적 시각은 그 시각이 유래하게 되는 원인이나 원리의 수가 많을수록 더욱 충분하고 뚜렷해진다.(pp. 136-137)

제13절 비철학적 개연성에 관하여

습관이 모든 판단의 기초라고 할지라도, 때때로 습관은 판단과 반대되는 상상력에 어떤 영향을 끼치며, 동일한 대상에 관한 우리 소감에 상반되는 것을 낳기도 한다. 나 자신의 입장을 설명하겠다. 거의 모든 종류의 원인에는 어떤 것은 본질적이지만 다른 것은 여분인 여건들이 얽혀 있다. 어떤 것은 결과를 낳는 데 꼭 필요하지만, 다른 것은 우연히 곁붙어 있다.

그런데 이 여분의 여건들이 많고 뚜렷하며 본질적인 여건들에 자주 곁붙어 있을 때, 그 여분의 여건들이 상상력에 상당한 영향력을 끼친다는 것을 알 수 있다. 더욱이 본질적인 여건이 없는 경우에 그 여분의 여건들은 우리가 일상적 결과를 생각하도록 하며, 그렇게 생각하는 것이 공상의 순수 허구보다 우세하도록 해 주는 힘과 생동성을 우리 생각에 부여한다. 우리는 그 여건들의 본성에 대한 반성을 통해 이런 성향을 바로 잡을 수 있다. 그러나 여전히 습관이 기선을 장악하고 상상력에 편견을 낳는다는 것은 확실하다.

이것을 친근한 사례로 설명하기 위해 다음과 같은 경우를 고려해 보자. 철 구조물의 높은 꼭대기에 있는 사람은 자신을 떠받치고 있는 철의 견고성에 대한 경험에 비추어 볼 때, 자신이 추락의 위험에 대해 안전을 완전히 보장받고 있다는 것을 알면서도, 한편으로는 또 추락해서 죽는다는 관념이 단지 습관과 경험에서 나온다는 것을 알면서도 그는 두려움을 금할 수 없다. 바로 이 습관은 그것이 유래하고 그것과 완전히 대응하는 사례를 넘어선다. 그리고 습관은 어떤 측면에서 유사한 대상들에 관한 그 사람의 관념에 영향을 끼치지만 엄밀하게 동일한 규칙으로 분류되지는 않는다. 깊이와 추락이라는 여건은 그를 아주 강하게 자극하므로, 그 사람에게 완전한 안전을 보장해 주는 지지와 견고성이라는 반대되는 여건에 의해 그 영향력이 손상될 수 없다. 그 사람의 상상력은 자신의 주위를 둘러보고 그 대상에 상응하는 정념을 불러일으킨다. 그 정념은 상상력으로 되돌아와서 그 관념에 생기를 불어넣는다. 그 생생한 관념은 정념에 새로운 영향을 끼치고, 이번에는 그 힘과 강렬함을 증대시킨다. 그 사람의 공상과 감정(affections)은 서로 떠받쳐줌으로써 전체가 그 사람에

게 아주 큰 영향력을 끼치도록 한다.(pp. 147-148)

제14절 필연적 연관의 관념에 관하여

능력이라는 관념을 불러일으키는 유사한 여러 사례들이 비록 서로 영향을 끼치지 않으며, 그 관념의 원형(model)일 수도 있는 대상에게 새로운 성질을 전혀 산출할 수 없다고 할 지라도, 이 유사성에 대한 관찰은 정신에게 능력이라는 관념의 실제 모형인 새로운 인상을 산출한다. 우리가 충분한 수의 사례에서 유사성을 관찰한 다음, 정신이 그 하나의 대상에서 언제나 그 대상을 수반하는 것으로 옮겨가기로 결정하는 것과, 그 관계에 따라 정신이 그것을 더욱 뚜렷한 형태로 생각하기로 결정하는 것을 우리는 곧장 느낄 수 있기 때문이다. 이 결정은 유사성의 유일한 효과이다. 그러므로 이 결정은 틀림없이 능력이나 효력과 같은 것이며, 그 관념은 유사성에서 유래한다. 유사한 결부들에 관한 여러 사례들은 능력이나 필연성에 대한 견해로 우리를 인도한다. 이 사례들은 본래 서로 아주 분리되어 있으며, 정신 이외의 어디서도 합일되지 않는다. 정신이 그 사례들을 관찰하고 그 관념들을 집합시킨다. 그렇다면 필연성은 이 관찰의 결과이며, 다름 아닌 정신의 내부 인상(an internal impression)이며, 혹은 우리의 사유가 하나의 대상으로부터 다른 대상으로 옮겨 가도록 하는 결정이다. 필연성을 이런 시각에서 고찰하지 않는다면, 우리는 필연성에 관해 아주 막연한 개념에도 결코 이를 수 없으며, 필연성을 외부 대상이나 내부 대상들, 영혼이나 물체, 원인이나 결과 등 어느 것에도 귀속시킬 수 없다.(pp. 164-165)

제15절 원인과 결과를 판단하는 규칙

그렇다면 모든 대상들은 서로 원인이나 결과가 될 수 있으므로, 이 대상들이 실제로 그러할 때를 우리가 알 수 있는 일반 규칙을 몇 개 마련하는 것이 좋겠다.

1. 원인과 결과는 반드시 공간과 시간에서 인접해 있다.
2. 원인은 반드시 결과보다 앞선다.
3. 원인과 결과 사이에는 반드시 항상적 합일(constant union)이 있다. 주로 이 성질이 원인과 결과의 관계를 이룬다.
4. 동일한 원인은 언제나 동일한 결과를 낳고, 동일한 결과는 동일한 원인을 제외한 어디서도 발생하지 않는다. 이 원리는 우리가 경험에서 이끌어 냈으며, 우리 철학적 추론들 대부분의 원천이다. 우리가 명석한 실험을 통해 어떤 현상의 원인이나 결과를 발견했을 때, 우리는 이 관계의 최초 관념이 유래하는 항상적 반복(constant

repetition)을 기다릴 것도 없이 곧장 같은 종류의 모든 현상들에 대해 우리의 관찰을 확장한다.

5. 여기에 딸린 다른 원리가 있다. 즉 서로 다른 여러 대상들이 동일한 결과를 낳을 때, 이것은 틀림없이 그 대상들 사이에서 발견되는 어떤 공통적인 성질에 의해서이다. 유사한 결과는 유사한 원인을 포함하고 있듯이, 우리는 언제나 우리가 그 유사성을 발견하게 되는 여건에서 인과성이 유래한다고 생각할 수밖에 없다.

6. 다음의 원리도 동일한 이유에 기초를 두고 있다. 유사한 두 대상의 결과의 차이는 그 대상들의 서로 다른 특성에서 기인한다. 유사한 원인들이 늘 유사한 결과를 산출하듯이, 우리가 어떤 사례에서 기대가 어긋나는 것을 깨달았을 때, 우리는 이 불규칙성이 원인들에 있는 어떤 차이에서 유래한다고 결론 내릴 수밖에 없다.

7. 어떤 대상이 그 원인의 증감에 따라 증감할 때, 이것은 원인의 서로 다른 여러 부분에서 발생한 서로 다른 여러 결과들의 합일에서 유래하는 하나의 복합적 결과로 간주될 것이다. 여기서 원인의 한 부분이 없거나 있는 것은 언제나 그 부분에 상응하는 결과의 부분이 없거나 있는 것을 수반하는 것으로 가정된다. 이러한 항상적 결부는 원인의 한 부분이 결과에서 원인의 그 부분에 상응하

는 원인이라는 것을 증명하기에 넉넉하다. 하지만 우리는 단 몇 번의 실험에서 그런 결론을 끌어내지 않도록 조심해야 한다. 어느 정도의 열은 쾌감을 준다. 당신이 만약 그 열을 낮추면 그 쾌감도 줄어든다. 그러나 당신이 열을 일정한 정도 이상으로 올렸을 때, 마찬가지로 쾌감도 커질 것이라는 결론은 나오지 않는다. 우리는 그것이 고통으로 전락한다는 것을 알기 때문이다.

8. 내가 주목하는 여덟 번째이자 마지막 규칙은 다음과 같다. 일정 시간 동안 어떤 결과도 없이 온전히 존재하는 하나의 대상은 그 결과의 유일한 원인이 아니며, 그 영향력과 작용을 발현시킬 수도 있는 다른 어떤 원리의 도움이 필요하다. 인접한 시간과 장소에서 비슷한 결과는 필연적으로 비슷한 원인에 잇따르므로, 잠시 동안 그것들이 분리되는 것은 이 원인들이 완전한 것이 아니라는 것을 보여준다.

여기에 나의 추론에서 받아들이는 것이 타당하다고 생각하는 논리학의 모든 것이 있다. 그리고 아마 이 모든 것이 반드시 필연적이지 않다고 해도, 우리 오성의 자연적 원리들(natural principles)에 의해 보충될 수 있을 것이다.(pp. 173-175)

제16절 동물들의 이성에 관하여

　사람들은 인간 고유의 이성 작용에 놀라워하지 않지만, 동물들의 직감(instinct)을 찬탄하며, 그 직감은 바로 이성과 동일한 원리들로 환원될 수 없기 때문에 그 직감을 설명하는 데 어려움이 있다. 문제를 제대로 고찰한다면 이성은 우리 영혼에 있는 놀랍고도 이해할 수 없는 직감이며, 이 직감은 우리가 일련의 관념들을 따라가게 하고 그 관념들의 개별적 상황과 관계에 따라 그 관념들에게 개별적 성질을 부여한다. 이 직감이 과거의 관찰과 경험에서 발생한다는 것은 사실이다. 하지만 과거의 경험과 관찰이 그와 같은 결과를 낳는 이유에 대해, 자연만이 그런 결과를 낳을 것이라는 것 이외의 어떤 궁극적인 이유를 제시할 수 있는 사람이 있을까? 버릇에서 발생할 수 있는 것은 무엇이든 자연이 산출한다는 것은 확실하다. 뿐만 아니라 버릇은 자연의 원리들 가운데 하나에 지나지 않으며, 그 힘은 모두 자연이라는 그 기원에서 유래한다.(pp. 178-179)

제4부

회의적 철학체계와 그 밖의 철학체계들에 관하여

제7절 이 책의 결론

나는 다음과 같은 사실을 감지하고 있다. 정신의 강함과 약함이라는 두 경우가 모든 인류에게 해당될 수 없다. 그리고 특히 영국에서는 정직한 신사들이 많은데, 그들은 늘 그들의 가정에 충실하며 일상의 오락으로 즐거운 시간을 보내면서, 매일 자신들의 감관에 드러나는 대상들 외에는 거의 생각해 보지 않는다. 실제로 나는 철학자를 그와 같은 사람들로 둔갑시키고 싶지 않으며, 또 그 사람들이 철학적 탐색에 조력하거나 그 발견을 경청하리라는 것 등을 기대하지도 않는다.

그 사람들은 아마 자신들의 현상태를 유지하려고 할 것이다. 나는 그런 사람들을 철학자들로 다듬는 대신, 우리가 체계들의 창설자들에게 이 엄청난 대지의 혼합물들 가운데 한 몫을 전해 줄 수 있기 바란다. 그들은 공통적으로 이것이 매우 부족한 상태이며, 이것은 그들이 작성한 격렬한 문구들을 완화시키는 데 도움이 될 수 있는 요소이기 때문이다. 다감한 상상력은 철학에 참여하도록 허용되지만, 가설은 그럴듯하고 기분 좋은 것으로 받아들여질 뿐이므로, 우리는 일상적 실천과 경험에 적합한 어떤 안정된 원리나 소감도 가질 수 없다.

그러나 이 가설들이 한번 무너지면, 설령 참이 아니라 할지라도 (아마 참이라고 기대하기에는 지나치더라도) 적어도 우리 정신을 만족시켜 줄 수 있으며, 가장 비판적인 검토를 견뎌낼 수도 있는 의견들의 체계가 수립되기를 바랄 것이다. 우리가 이 목적을 달성하는 것을 단념해서는 안 된다고 할지라도, 사람들 사이에는 끊임없이 발생하고 소멸하는 허깨비 같은 체계들이 많기 때문에, 우리는 이 물음들이 탐구와 추론의 주제로 되었던, 그 짧은 기간 동안만 그 체계들에 관해 고찰할 것이다. 아주 긴 단절과 매우 엄청난 실망을 간직한 2천 년이라는 햇수는 학문을 웬만큼 완전하도록 만들기에는 짧은 기간이다. 아마 우리도 역시 마지막 후손들의 검토를 견뎌낼 수 있는 원리를 발견하기에는 지나치게 이른 시대에 있다.

나의 유일한 희망은 철학자들의 사변에 전환점을 제공함으로써, 또 오직 철학자들만이 확증과 확신을 기대했던 주제들을 그들에게 더욱 뚜렷이 지적해 줌으로써, 지식의 진보에 내가 조금이나마 기여하는 것이다. 인간의 본성은 인간에 관한 유일한 학문이다. 그럼에도 인간의 본성은 여태까지 가장 무시되어 왔다. 이것을 내가 조금만 더 유행시킬 수 있다면, 나는 그것으로 만족할 것이다. 때때로 나를 억누르던 저 나태로부터 나의 기질을 드숫게 하는 데, 또 그 같은 울분에서 나의 기질을 가다듬는 데 이런 소망이 도움이 되었다.

독자가 자신을 이처럼 느긋한 성질의 소유자라고 생각한다면, 앞으로 나의 사변에서 그가 나를 따르는 것을 허락하겠다. 그렇지 않다면 그는 자신의 성향을 따라가도록 놔두고, 그가 생각을 가다듬고 좋은 기분을 회복하는 것을 기다리자. 이처럼 조심성 없이 철학을 연구하는 사람의 행동은, 스스로 철학을 좋아하면서도 완전히 철학을 거부할 정도로 회의와 망설임에 압도된 사람의 행동보다 더 확실히 회의적이다. 참된 회의론자는 자신의 철학적 확신뿐만 아니라 철학적 회의에 대해서도 머뭇거린다. 그는 회의나 확신 때문에 저절로 나타나는 소박한 만족을 결코 뿌리치지 않을 것이다.(pp. 272-273)

제3권의 부록[*]

그 원인이나 결과가 우리에게 현전하는 경우를 제외하면, 우리는 어떤 사실 문제에 관해 믿을 수 없다. 그러나 원인과 결과의 관계에서 발생한 신념의 본성이 무엇인지 그 자체에 대해 물으려고 했던 사람은 거의 없었다. 내 생각으로 이 딜레마는 피할 수 없는 것이다. 신념은 우리가 어떤 대상의 단순한 표상 작용에 결합하는 실재나 존재의 관념처럼 새로운 관념이거나 고유의 느낌 또는 소감이다. 그것이 단순한 표상 작용에 덧붙여진 새로운 관념이 아니라는 것은 다음의 두 논변들에서 명백해진다.

첫째, 우리는 개별적 대상의 관념과 구분되고 분리될 수 있는 존재의 추상 관념을 갖지 않는다. 따라서 존재의 추상 관념이 어떤 대상의 관념에 덧붙여질 수 있다거나, 단순한 표상 작용과 신념의 차이를 형성할 수 있다는 것은 불가능하다. 둘째, 정신은 그 관념을 모두 장악하고 자신이 원하는 대로 분리, 통합, 혼합하며 변화시킨다. 그러므로 신념이 그 표상 작용에 덧붙여진 어떤 새로운 관념에 있을 뿐이라면, 자신이 원하는 대로 믿는 인간의 능력에 신념이 있을 것이다.

따라서 우리는 다음과 같은 결론을 내린다. 신념은 어떤 느낌이나 소감에 있을 뿐이다. 다시 말하자면 의지에 종속되지 않는 어떤 것에, 즉 우리가 마음대로 할 수 없는 결정적 원인과 원리에서 발생하는 것이 틀림없는 어떤 것에 신념이 있다. 우리가 어떤 사실 문제에 관해 확신을 가질 때, 상상력의 단순한 몽상에 수반되는 것과는 다른 어떤 느낌과 함께 우리가 그것을 생각할 뿐이다. 우리가 어떤 사실에 관해 회의를 나타낼 때, 우리가 의미하는 것은 그 사실에 대한 논변이 그런 느낌을 낳지 않는다는 것이다. 신념이 우리의 단순한 표상 작용과는 다른 소감에 있지 않다면, 가장 드센 상상력에 의해 현전하는 대상은 어떤 것이라도 역사와 경험에 기초를 두고 있는 가장 확실한 진리와 대등한 기반을 갖는다. 전자를 후자와 구별하는 느낌, 혹은 소감만 있을 뿐이다.

따라서 신념은 단순한 표상 작용과는 다른 특별한 느낌일 뿐이라는 것이 의심할 수 없는 진리로 간주된다면, 자연히 발생하는 다음 문제는 이 느낌 혹은 소감의 본성은 무엇이며, 그것은 인간 정신의 다른 소감과 유사한가 하는 것이다. 이 물음은 중요하다. 그 느낌이나 소감이 다른 소감과 유사하지 않다면, 우리는 결코 그 원인을 설명할 수 없고 그것을 인간 정신의 근본적 원리로 간주해야만 하기 때문이다. 그 느낌이나 소감이 유사하다면, 우리는 그 원인을 유비로부터 설명할 수 있고, 나아가서 그 느낌이나 소감을 더욱 일반적인 원리들까지 추적해 갈 수 있다는 희망을 가질 수 있기 때문이다.

이제 몽상가들의 어렴풋하고 무기력한 몽상보다는, 확신과 확증의 대상인 표상들에 더욱더 큰 불변성과 견실함이 있다는 것을 사람들은 기꺼이 인정할 것이다. 그 표상들이 우리를 더욱 강한 힘으로 자극하며, 우리에게 현전할수록, 정신은 그런 표상들을 더욱 확고하게 간직하며 표상들에 의해 작용하고 운동한다. 정신은 그 표상을 묵묵히 따르며, 어떤 의미에서는 스스로 표상을 택하여 그 표상에 머무른다. 결국 그 표상들은 직접적으로 우리에게 나타나는 인상과 가깝게 되며, 따라서 정신의 다른 작용들과 유사하다.

내 의견이지만, 단순한 표상 작용과 비교하여 신념은 그 표상 작용과는 구별될 수 있는 어떤 인상이나 느낌에 있다는

주장을 하지 않고는 이런 결론을 피할 수 있는 가능성이 전혀
없다. 신념은 그 표상 작용을 변화시킬 수 없고, 더욱 현실적
이고 강렬하게 한다. 선과 쾌락 등의 개별적 표상들에게 의
지와 욕망이 덧붙여지는 것과 같은 방식으로 신념이 표상 작
용에 덧붙여질 뿐이다. 그러나 다음과 같은 고찰들로 이 가
설을 떨쳐 버릴 수 있으면 좋겠다.

첫째, 그 가설은 우리의 경험과 우리의 직접적 의식(imme-
diate consciousness)에 반대된다. 모든 사람은 언제나 추론이
사유나 관념의 조작일 뿐이라는 것을 인정해 왔다. 그런데
이 관념들은 느낌으로 변화될 수 있다고 하더라도, 관념이나
우리의 희미한 표상 이외의 어떤 귀결도 초래되지 않는다.

예를 들어 보자. 내가 지금 친숙한 사람의 목소리를 듣는
다. 그리고 그 소리는 옆방에서 들린다. 내 감관의 이 인상은
나의 사유를 곧 모든 주변 대상들과 함께 그 사람에게 미치도
록 한다. 나는 앞서 내가 알았던 것과 동일한 성질과 관계로
마치 그 대상들이 현재 존재하는 것인 양 나 자신에게 생생하
게 그려낸다. 이 관념들은 마법의 성에 있는 관념보다 더욱
더 단단히 나의 정신을 사로잡는다. 그 관념들은 느낌에 따
라 다르지만, 그 관념들에게 수반되는 독립적이거나 별개의
인상은 없다. 그것은 내가 여행에서 겪은 여러 부수적 사건
이나 어떤 역사적 사건을 상기할 때와 마찬가지이다. 거기서

개별적 사실들은 모두 저마다 신념의 대상이다. 그 사실들의 관념은 몽상가들의 몽상에 따라 다르게 변경된다.

그러나 어떤 독립적 인상도 사실 문제의 독립적 관념이나 표상을 각각 수반하지 않는다. 이것은 명백한 경험의 문제이다. 이 경험이 어떤 경우에 논박 받을 수도 있겠지만, 그 경우는 정신이 의심과 난문으로 동요할 때이다. 그 후로 정신은 대상을 새 관점으로 파악하거나 혹은 새로운 논변이 제시됨에 따라, 정해진 어떤 결론과 신념에서 스스로 변형되어 안정된다. 이 경우에 그 개념과 구분되고 분리된 느낌이 있다. 의심과 동요로부터 평온과 안정을 향한 추이는 정신에게 만족과 즐거움을 전한다.

그러나 다른 사례를 들어보자. 내가 운동하고 있는 어떤 사람의 정강이와 허벅지를 보고 있는데, 앞에 있는 물체가 그의 몸 다른 부분을 가린다고 가정해 보자. 여기서 상상력이 작동해 전체적인 몸의 형태를 그리게 되는 것은 확실하다. 나는 그에게 머리와 어깨 그리고 가슴과 목 등의 형태를 부여한다. 나는 그가 이런 신체 부위를 갖는다고 생각하며 또 믿는다. 오직 사유나 상상력만으로 이 모든 작용이 수행된다는 것보다 명백한 것은 없다. 이 전이는 직접적이다. 관념들은 곧 우리를 자극한다. 현전하는 인상과 관념들의 습관적 연관은 일정한 방식으로 관념들을 변형하고 변경시키지만, 표상 작용의 이 특성과 구별되는 정신의 어떤 작용도 산출하지 않는다. 어떤 사람에게 그 자신의 정신을 시험해 보도록 하자. 그러면 그는 이것이 분명히 참이라는 것을 깨달을 것이다.

둘째, 이 뚜렷한 인상에 관한 한 어떤 경우이든 정신은 허구보다는 사실 문제라고 간주하는 것을 더욱 확고하게 파악하든가 또는 더욱 확고한 표상 작용을 갖는다. 그런데 왜 다르게 보거나 필연성이 없는 가정들을 거듭할까?

셋째, 우리는 확고한 표상 작용의 원인들을 설명할 수 있지만, 인상 하나하나의 원인은 설명할 수 없다. 그뿐만 아니라 확고한 표상 작용의 원인들이 전체 대상을 망라하며, 다른 어떤 결과를 낳을 여지도 없다. 사실 문제에 관한 추론은 현전하는 어떤 인상과 자주 결합되거나 연합되었던 어떤 대상의 관념일 뿐이다. 이것이 사실 문제에 관한 추론 전부이다. 각 부분들마다 더욱 확고한 표상 작용을 유비적으로 설명할 필요가 있으며, 뚜렷한 인상을 산출할 수 있는 것은 아무 것도 남아 있지 않다.

넷째, 신념이 정념과 상상력에 영향을 끼칠 때, 그 결과는 모두 그 확고한 표상 작용에 의해서 설명될 수 있다. 다른 어떤 원리에 호소할 필요는 전혀 없다. 다른 많은 것들과 함께 앞의 책에서 낱낱이 열거된 이 논변들은, 신념이 관념 혹은 표상 작용을 변경시킬 뿐이며 어떤 독립적 인상을 산출하지 않고도 그 신념의 느낌과 다르도록 한다는 것을 충분히 증명한다.

따라서 주제에 대한 일반적 시각에 따라 다음과 같이 중요한 두 문제가 있는 것처럼 여겨지는데, 우리는 이것을 철학자들이 고찰하도록 과감히 추천할 수도 있다. 느낌이나 소감 이외에 신념을 단순한 표상 작용과 구분할 수 있는 것은 무엇인가? 그리고 이 느낌은 우리가 어떤 대상에 대한 확고한 표상 작용을 갖는 것, 또는 그 대상을 확고하게 파악하는 것 이외의 어떤 것인가?

만일 내가 지금까지 형성한 바로 이 결론이 공정한 탐구에 근거하여 철학자들의 동의를 받는다면, 다음 일은 신념과 그 밖의 정신 작용들 사이의 유비를 검토하고 표상 작용의 확고함과 강력함을 밝히는 것이다. 그리고 나는 이것을 어려운 일로 생각하지 않는다. 현재 인상으로부터의 전이는 늘 어떤 관념에 활기를 불어넣고 그 관념을 강하게 한다. 어떤 대상이 현전할 때, 그 대상에 일상적으로 수반되는 것의 관념은 실재적이고 견고한 무엇으로 우리를 자극한다. 그 관념은 생각되기보다 오히려 느껴지며, 그 힘과 영향력에서는 그 관념이 유래된 인상에 버금간다.(pp. 623-627)

지성계에 관한 우리의 이론이 아무리 결함이 있다고 하더라도, 그 이론은 인간 이성이 물질계에 관해 제시할 수 있는 모든 해명들에 수반되는 것으로 여겨지는 저 모순과 불합리로부터 벗어나 있으리라는 희망을 품었다. 그러나 인격의 동일성(personal identity)이라는 절을 더욱 철저히 되살펴보면, 나 자신이 미궁 속에 빠져 있다는 것을 알 수 있다. 나는 앞의 내 의견들을 어떻게 수정해야 할지 모르겠고, 어떻게 일관되게 해야 할지도 모른다는 점을 인정하지 않을 수 없다.

이것이 회의주의에 적절한 일반적 이유일 수는 없지만, (내가 미리 충분히 보충하지 않았다면) 적어도 내가 나의 모든 결정에 대해 주저하고 망설이기에는 넉넉한 이유이다. 이제부터 자아 또는 사유하는 존재 본래의 엄밀한 동일성과 단순성을 내가 부정했던 것들부터 시작하여, 두 측면 모두에 대한 논변을 제시할 것이다.

자아 또는 실체에 관해 말할 때, 우리는 그 술어에 동반되는 관념을 가져야 하며, 그렇지 않고는 그 술어들을 전혀 이해할 수 없다. 모든 관념들은 각각 선행하는 인상들에서 유래한다. 그리고 우리는 단순하고 불가분적인 무엇으로서의 자아 혹은 실체의 인상을 갖지 않는다. 따라서 우리는 이런 의미에서 자아 또는 실체에 대한 관념을 결코 갖지 않는다.

독립적인 것은 무엇이든 구별될 수 있다. 구별될 수 있는 것은 무엇이든 사유 혹은 상상력을 통해 분리될 수 있다. 지각들은 모두 독립적이다. 따라서 지각들은 구별될 수 있고,

그것들은 모순이나 불합리를 범하지 않고도 분리되어 존재하는 것으로 생각될 수 있으며, 또 존재할 수도 있다.

내가 이 탁자와 저 굴뚝을 볼 때, 나에게 현전하는 것은 다른 모든 지각들과 같은 본성인 개별적 지각들일 뿐이다. 이것은 철학자들의 학설이다. 그러나 나에게 현전하는 이 탁자와 저 굴뚝은 분리되어 존재할 수 있으며, 실제로 그렇게 존재한다. 이것은 일상인들의 학설이며, 모순을 내포하지 않는다. 따라서 바로 이 학설을 모든 지각으로 확장하더라도 모순이 없다.

대체로 다음과 같은 추론은 만족스러운 것 같다. 모든 관념들은 선행하는 지각들을 모방한다. 그러므로 대상들에 대한 우리 관념들도 그 근원에서 유래한다. 결과적으로 지각과 부합되거나 이해할 수 있는 관계에 있지 않은 대상들에 대해 부합되거나 이해할 수 있는 명제는 결코 있을 수 없다. 그러나 어떤 본유적인 단순 실체 혹은 주관 없이도 대상들이 개별적이고 독립적으로 존재한다고 말하는 것은 이해할 수 있고 모순이 없다. 따라서 이 명제가 지각들에 관해서 결코 불합리할 수 없다.

내가 나의 자아를 반성해 볼 때, 나는 하나 이상의 어떤 지각들 없이는 이 자아를 지각할 수 없으며, 지각들 이외의 어떤 것도 지각할 수 없다. 따라서 나는 자아를 형성하는 이 지각들의 합성일 뿐이다.

우리는 사유하는 존재가 많거나 적은 지각들을 갖는다고 생각할 수 있다. 정신이 조개의 삶 이하로 전락한다고 가정해 보자. 정신이 목마름과 허기 등과 같은 하나의 지각만을 갖는다고 가정해 보자. 이런 상황에서 정신을 숙고해 보자. 당신은 오직 지각 이외에 무엇을 표상하는가? 당신은 자아 혹은 실체 등에 대한 어떤 관념을 가질 수 있는가? 그렇지 않다면 다른 지각들을 덧붙여도 당신은 결코 그런 관념을 가질 수 없다.

어떤 사람들이 죽음의 결과로 가정하는 소멸, 그리고 이 자아를 깡그리 파괴하는 소멸은 사랑과 질투, 고통과 쾌락, 그리고 사유와 감각 등과 같은 모든 개별적 지각들의 사라짐일 뿐이다. 따라서 자아가 사라진 뒤에 지각들이 존속할 수 없으므로, 지각들은 자아와 같을 수밖에 없다.

자아는 실체와 동일한가? 그렇다면 실체의 변화 아래서 실체의 지속에 관한 문제가 어떻게 있을 수 있는가? 자아와 실체가 각각 별개라면, 그것들 사이의 차이점은 무엇인가? 자아와 실체가 개별적 지각들과 별개라고 여겨질 때, 나는 그 어느 것도 표상할 수 없다.

개별적 성질들의 관념과는 독립적인 외부 실체의 관념을 가질 수 없다는 원리에 철학자들이 동의하기 시작했다. 이것은 우리가 개별적 지각들과 독립적인 외부 실체에 관한 관념을 결코 가질 수 없다는 정신에 관한 원리로 인도하는 길을 마련한다.

　내가 보기에 여기까지는 충분한 명증성을 수반하는 것 같다. 그러나 우리의 모든 개별적 지각들이 이처럼 동요된다면, 그 지각들을 함께 묶어 주고 우리가 실재적 단순성과 동일성이 지각들에 있다고 생각하도록 하는 연관의 원리를 설명해 나갈 때, 나는 나의 설명에 큰 결함이 있다는 점과, 그와 같은 나의 설명은 앞선 추론들의 겉치레인 명증성일 뿐이라는 점 등을 감지할 수 있다. 지각들이 독립적 존재들이라면, 그 지각들은 함께 연관됨으로써만 하나의 전체를 형성한다. 그러나 인간 오성이 발견할 수 있는 독립적 존재들의 연관은 전혀 없다. 우리는 한 대상에서 다른 대상으로 나아가는 사유의 연관 혹은 결정을 느낄 뿐이다.

　따라서 사유만이 인격의 동일성을 발견한다는 결론이 나오는데, 정신을 구성하는 일련의 과거 지각들에 대해 반성해 보면 그 지각들의 관념들은 함께 연관되어 있고, 그 관념들이 자연스럽게 서로를 도입한다고 느낀다. 이 결론이 아무리 기이하게 여겨져도 놀랄 일은 아니다. 대부분의 철학자들이 인격의 동일성은 의식에서 발생하며, 의식은 반성된 사유 혹은 지각일 뿐이라고 생각하는 경향이 있는 듯하다. 따라서 이런 측면에서 오늘날 철학은 그 전망이 밝기도 하다. 그러나 우리의 사유 혹은 의식에서 계기하는 지각들을 합일하는 원리들에 대해 설명하려 들면, 나의 기대는 물거품이 된다. 나는 이런 주제에 대해서 나를 만족시킬 수 있는 어떤 이론도 찾아볼 수 없다.

결국 내가 일관성을 유지할 수 없고, 내 능력으로 어느 하나를 단념할 수도 없는 두 원리가 있는데, 그것은 독립적인 우리의 지각은 모두 독립적인 존재들이라는 것과 정신은 독립적인 존재들 사이의 어떤 실재적 연관도 발견할 수 없다는 것이다. 우리 지각이 단순하고 개별적인 어떤 것에 내재하거나, 정신이 지각들 사이의 어떤 실재적 연관을 지각한다면, 이 문제는 어떤 어려움도 없을 것이다. 내 입장에서 나는 회의론자의 특권을 내세워 이 난제가 나의 오성으로 너무 어렵다는 것을 시인하지 않을 수 없다. 그렇다고 나는 그것이 절대 해결될 수 없는 것이라고 공언하는 것은 아니다. 아마 더욱 깊이 숙고해 보면, 다른 사람들이나 나 자신이 이 모순들을 해소시킬 어떤 가설을 발견할 수 있으리라.(pp. 633-636)

제2권

정념에 관하여

제1부

긍지와 소심에 관하여

제1절 주제의 구분

근원적 인상 또는 감각의 인상은 선행 지각 없이 영혼에 발생하는 인상이며, 신체의 구조나 생기(animal spirits)에서 비롯하거나, 또는 대상들이 외부 기관을 자극하는 데서 비롯한다. 이차 인상 또는 반성의 인상은 이 근원적 인상들 가운데 어떤 것에서 직접적으로 유래하거나, 그 인상의 관념이 개입함으로써 유래하는 것이다. 근원적 인상은 감관의 인상 및 신체적 고통과 쾌락 등이다. 반성의 인상은 정념 및 이와 유사한 정서 등이다.(p. 275)

반성의 인상은 차분한(clam) 것과 격렬한(violent) 것 두 종류로 나뉠 수 있다. 행동과 미적 구성(composition), 그리고 외부 대상에서 느끼는 아름다움과 흉(deformity)은 첫 번째 종류이다. 사랑과 미움 및 비탄과 기쁨 그리고 긍지(pride)와 소심(humility)은 두 번째 종류이다.(p. 276)

제2절 긍지와 소심에 관하여: 그 대상과 원인

긍지와 소심이 비록 직접적으로 상반됨에도 불구하고 동일한 대상을 갖는다는 것은 명백하다. 이 대상은 자아이거나 또는 우리가 생생하게 기억하고 의식하는 서로 관련된 관념들 및 인상들의 계기이다. 여기서 우리가 특정한 정념에 자극받게 될 때, 그 관점은 언제나 정해져 있다. 우리 자신에 대해 관념이 호의적인 정도에 따라서 우리는 저 상반된 감정들 가운데 하나를 느끼고, 긍지로 우쭐대고 기가 죽어 소심해진다. 정신이 다른 어떤 대상을 파악한다고 하더라도, 그것은 늘 우리 자신에 대한 관점으로 고려되며, 그렇지 않다면 그 대상이 우리에게 결코 정념을 불러일으킬 수 없고, 또 정념을 조금도 증감시킬 수 없다. 자아가 고려되지 않았을 때에는 긍지나 소심의 여지가 전혀 없다.

그러나 지각들의 저 연관된 계기, 곧 자아라고 일컫는 것이 언제나 이 두 정념 모두의 대상이라고 할지라도, 자아는 이 두 정념의 원인일 수 없으며, 자아 홀로 두 정념을 불러일으키기에는 역부족이다. 이 두 정념은 직접적으로 상반되며,

또 동일한 대상을 공유한다. 또 그 대상이 두 정념의 원인이라면, 그 대상은 두 정념들 가운데 한 정념을 어느 정도 불러일으키지 않고는 결코 다른 정념을 그와 대등한 정도로 불러일으킬 수 없다. 두 정념 간의 대립과 상반성은 그 정념들을 모두 파괴할 수밖에 없다. 사람이 의기양양하면서 동시에 의기소침할 수는 없다.(pp. 277-278)

긍지와 소심의 원인부터 시작하자. 이 정념들의 가장 뚜렷하고 주목할 만한 특징은 그 정념의 원인(subjects)이라고 생각될 수 있는 것의 폭넓은 다양성이라고 할 수 있을 것이다. 상상력·판단력·기억력·기질(disposition) 등과 같은 정신의 가치 있는 성질들, 즉 재치(wit)·총명(good-sense)·학식·용기·공정·성실 등은 모두 긍지의 원인이다. 그리고 이 성질들과 반대인 것은 소심의 원인이다. 이 정념들은 결코 정신에 국한되지 않으며, 마찬가지 방식으로 그 관심을 신체에까지 확장한다.

어떤 사람은 춤이나 승마·검술 등에서 자신의 아름다움·강인함·민첩성·훌륭한 외모·품위 등을 자랑할 수 있을 것이고, 수작업이나 수공업에서 능란한 솜씨를 자랑할 수 있을 것이다. 그러나 이것이 전부는 아니다. 정념은 더욱 시야를 넓혀 우리와 적어도 동류이거나 관련이 있는 대상들을 모두 포괄한다. 우리의 조국·가족·아이·친족·재산·집·정원·

말·개·옷 등 이것들 가운데 어떤 것은 긍지나 소심의 원인
이 될 수 있을 것이다.(p. 279)

제3절 이 대상과 원인은 어디서 유래하는가?

그러나 비록 긍지와 소심 등의 원인이 분명히 자연적이라
고 할지라도, 잘 검토해 보면 그 원인은 근원적이지 않다는
것과 궁극적으로 그 원인들 각각은 특정 조건(provision)과 자
연의 1차적 구조에 의해 이 정념이 들어맞을 수 없다는 것 등
을 알 수 있다. 그 원인들의 엄청난 수는 제쳐두더라도, 그것
들 가운데 많은 것들은 인위적 결과이며, 부분적으로는 산업
과 변덕 그리고 인간의 행운에서 발생한다. 산업은 집과 가
구 그리고 옷가지 따위를 생산한다. 변덕은 그 생산물의 개
별적인 종류와 성질을 결정한다. 그리고 행운은 자주 물체들
의 상이한 혼합과 구조에서 비롯된 결과를 드러냄으로써 이
모든 것들에 대해 기여한다. 그러므로 자연이 이 원인들을
각각 예견하고 준비했다고 상상하는 것은 불합리하다. 그러
므로 긍지와 소심의 원인인 새로운 인위적 생산물이 모두 이
정신에게 자연스럽게 작용하는 어떤 일반적 성질을 공유함
으로써 정념에 들어맞게 되는 것이 아니라, 그 자체가 그때까
지 영혼에 은폐되어 있다가 마침내 우연히 빛을 보게 된 근원
적 원리의 대상이다.

따라서 훌륭한 사무용 가구(scritoire)를 고안한 최초의 장
인은 그 가구를 소유한 사람에게 긍지를 느끼도록 하는데, 이
원리는 그 소유자가 미끈한 탁자와 의자 때문에 긍지를 느끼
게 되는 원리와는 다르다. 이것은 분명히 우습게 여겨지므로,
긍지와 소심의 원인이 각각 고유의 근원적 성질 때문에 그 정
념과 상응하게 될 수는 없고, 그 정념들 모두에게 공통적인
하나 이상의 다른 여건들이 있으며 그 정념들의 결과는 이 여
건들에 달려 있다는 결론을 내릴 수밖에 없다.(pp. 281-282)

제4절 인상과 관념들 사이의 관계에 관하여

내가 인간의 정신에서 살펴볼 그 두 번째 속성은 인상들의
유사 연합(a like association of impressions)이다. 유사한 인상
들은 모두 함께 연관되어 있으며, 한 인상이 발생하자마자 나
머지 인상도 곧장 뒤따른다. 비탄과 실망은 분노를 불러일으
키고, 분노는 질투를, 질투는 심술을, 그리고 심술은 다시 비
탄을 불러일으키는, 이 전체적인 순환이 완성될 때까지 그것
은 계속된다.

마찬가지로 우리의 기분도 기쁨으로 고양되었을 때에는
자연스럽게 사랑, 관대함, 동정, 용기, 긍지 그리고 유사한 다
른 감정 등에 빠져든다. 정신이 정념에 의해 고무되었을 때
전혀 변하지 않고 그 정념에만 머물러 있기는 어렵다. 인간

의 본성은 매우 자주 변하므로 그와 같은 규칙성을 용인하기 어렵다. 인간 본성은 본질적으로 가변적이다. 그리고 인간의 본성이 그 기분에 적합하고 주도적인 정념들의 종류와 일치하는 감정 또는 정서로 바뀌듯이 자연스럽게 그것은 또 무엇으로 바뀔 수 있는가? 게다가 관념들 사이에서와 마찬가지로 인상들 사이에도 인력 또는 연합이 있다는 것은 분명하다. 물론 여기에는 주목할 만한 차이가 있다. 즉 관념들은 유사성과 인접성 그리고 인과성 등을 통해 연합하지만, 인상은 오직 유사성을 통해 연합한다.(p. 283)

제5절 이 관계들이 긍지와 소심에 끼치는 영향에 관하여

내가 긍지에 관해 말한 것은 소심에 관해서도 마찬가지로 적용된다. 긍지라는 감각이 유쾌한 것처럼, 소심이라는 감각은 언짢다. 바로 이런 이유 때문에 각각의 원인에서 발생한 각각의 감각은 자아에 대한 관계가 동일하게 지속되는 동안, 상반될 수밖에 없다. 긍지와 소심은 비록 그 결과나 감각에서 직접적으로 상반되지만, 그럼에도 불구하고 동일한 대상을 갖는다. 따라서 관념들 사이의 관계에 어떤 변화를 일으킬 필요 없이 인상들 사이의 관계만 변화시키면 된다.

그러므로 우리 자신이 소유한 아름다운 집이 긍지를 산출하고, 우리 자신이 소유한 바로 그 집이 우연히 흉할 때, 그

집은 소심을 낳고 그로 인해 긍지에 상응하는 쾌락의 감각이 소심과 관련된 고통의 감각으로 변하는 것을 알 수 있다. 관념과 인상의 이중 관계는 두 경우에 모두 적용되며, 어떤 정서에서 다른 정서로 향한 거침없는 전이를 낳는다.

한 마디로 말해서 자연은 어떤 인상과 관념 사이에 일종의 인력(attraction)을 부여했으며, 이 인력을 통해서 인상과 관념 중 하나가 나타나면, 그것은 자연적으로 자신의 상관자(correlative)를 소개한다. 인상들 사이의 인력이나 연합, 관념들 사이의 인력이나 연합이 모두 동일한 대상에 대해 동시에 발생한다면, 그 인력이나 연합은 서로 협력하며 그 감정(affection)과 상상력은 거침없이 아주 수월하게 전이한다. 어떤 관념이 자신과 관련 있는 관념과 연관된 인상과 관련 있는 인상을 산출할 때, 이 두 인상은 거의 분리될 수 없으며, 어떤 경우이든 한 인상이 다른 인상을 수반하지 않을 수 없다. 이와 같이 긍지와 소심 따위의 특정 원인은 결정되어 있다. 정념에 작용하는 성질들은 각각 자신과 유사한 인상을 산출하며, 그 성질이 담긴 주체는 자아와 관계있다. 이때 자아는 그 정념의 대상이다. 성질과 주체로 이루어진 전체 원인이 반드시 그 정념을 유발한다는 것은 당연하다.(pp. 288-289)

제6절 이 체계의 조건에 관하여

1. 자아와 어떤 관계에 있는 유쾌한 대상을 가정했을 때, 이때 처음으로 나타나는 정념은 기쁨(joy)이다. 그리고 이 정념은 긍지나 자만심보다 관계가 약할 때 드러난다. 우리는 잔치에 참가했을 때 기쁨을 느낄 수 있는데, 잔치에서 감관은 갖은 종류의 진수성찬을 향유한다. 그러나 바로 이 기쁨과 함께 자화자찬(self-applause)과 허영심 등 2차적 정념을 갖는 사람만이 그 잔치의 주인이다. 사실 사람들은 흔히 자신들이 참가했을 뿐인 성대한 잔치를 자랑하며, 그 사소한 관계 때문에 자신들의 쾌락을 긍지로 전환한다. 그러나 대체로 기쁨이 허영심보다 사소한 관계에서 발생한다는 것은 인정되어야 한다. 그리고 긍지를 산출하기에는 너무 소원한 여러 가지 사물도 즐거움과 쾌락을 줄 수 있다는 것을 인정해야 한다.(pp. 290-291)

여기에 우리는 우리와 관련된 만물은 쾌락이나 고통을 산출하며, 마찬가지로 긍지나 소심을 산출한다는 일반적 입장에 대해 부과해야 하는 최초의 조건이 있다.(p. 291)

2. 제2의 조건은 다음과 같다. 호의적이거나 거북한 대상은 우리 자신과 밀접하게 관련되어 있을 뿐만 아니라, 우리 자신에게 고유한 것이거나 적어도 극소수의 다른

사람과 우리 자신에게 공통적이다. 인간의 본성에는 주목할 만한 성질이 있는데, 그것은 다음에 진지하게 설명하겠다. 우리에게 자주 현전하며 우리와 오랫동안 함께 지낸 것들의 가치는 우리 눈에 띄지 않으며, 잠시 뒤에는 그것을 경시하고 방치한다. 마찬가지로 우리는 대상을 그것의 실제적이고 내재적 가치에 따라 판단하기보다는 비교를 통해 판단한다. 그리고 우리가 대조를 통해 그 대상의 가치를 증대시킬 수 없는 경우에는 그 대상에서 본질적으로 값진 것이 무엇인지조차 간과하는 경향이 있다. 우리 정신의 이런 성질은 긍지는 물론 기쁨에도 영향을 끼친다. 전 인류에게 공통적이며 습관 때문에 우리와 친숙해진 값진 것(goods)은, 그 희소성으로 인해 우리가 값지다고 평가하는 것보다 그 자체로는 훨씬 더 가치 있다고 하더라도, 우리에게 거의 만족을 주지 못한다는 점은 주목할 만하다. 그러나 이 두 정념에 이런 여건이 작용한다고 하더라도, 그런 여건은 허영심에 더 큰 영향을 끼친다. 여러 값진 것들 때문에 우리는 기뻐하는데, 그것이 흔하면 결코 긍지를 가질 수 없다. 오랜 병 끝에 회복한 건강에 대해 우리는 매우 만족스러워한다. 그렇지만 그런 건강을 허영심을 유발하는 원인(subject)으로 보기에는 어렵다. 그와 같은 건강은

숱한 사람들이 모두 누리고 있기 때문이다.(pp. 291-292)

3. 제3의 조건은 유쾌하거나 고통스러운 대상은 매우 뚜렷하여 쉽게 식별될 수 있으며, 이 점은 우리 자신뿐만 아니라 다른 사람에게도 마찬가지라는 것이다. 앞의 두 조건과 마찬가지로 이 조건은 긍지뿐만 아니라 기쁨에도 영향을 끼친다. 우리는 자신이 다른 사람에게 유덕하거나 아름답고 행복하게 비칠 때, 자신이 더 유덕하거나 아름답고 행복하다고 공상한다. 그러나 그럼에도 불구하고 우리는 자신의 쾌락보다는 덕을 더 과시한다.(p. 292)

4. 이 정념의 원인이 가변적인 데에서, 그리고 또 그 원인이 우리 자신과 연관을 갖는 기간이 짧은 데에서 제4의 조건이 도출된다. 우연적이고도 가변적인 것은 기쁨을 조금밖에 줄 수 없고, 긍지도 덜 준다. 우리는 사물 그 자체를 통해서는 크게 만족할 수 없다. 바로 이런 이유 때문에 높은 자기 만족도를 느끼기 어렵다. 우리는 상상력을 통해 사물의 변화를 예견하고 기대한다. 이런 점 때문에 우리는 그 사물에 대해 거의 만족하지 않는다. 우리는 사물보다 더 오래 존속하는 우리 자신과 그 사물을 비교한다. 이 비교를 통해 그 사물의 가변성은 더욱 크게 보인다. 더 짧게 존속하며 우리가 존속하는 기간 중 매우 잠시 동안 우리와 함께 하는 대상에서 우리의

탁월성을 추론하는 것이 우습게 여겨진다. 이 원인이 기쁨에서는 긍지와 같은 힘으로 작용하지 않는 이유를 쉽게 파악할 수 있다. 즉 자아의 관념이 기쁨이라는 정념보다는 긍지라는 정념에 본질적으로 더 가깝기 때문이다.

5. 이 체계의 확장이라고 하는 것이 더 적절한 다섯 번째 조건에는 다음과 같은 조건을 덧붙일 수 있을 것 같다. 일반 규칙은 다른 정념과 마찬가지로 긍지와 소심에 지대한 영향을 끼친다. 우리는 사람들이 소유한 권력이나 재산에 따라 상이한 인간 계층에 대한 개념을 형성하는데, 자신의 건강이나 기질 따위의 특성 때문에 자신이 소유한 것을 모두 향유할 수 없게 될 수도 있다는 이유 때문에 이런 개념을 바꾸지는 않는다. 오성에 대한 일반 규칙의 영향을 설명했던 바로 그 원리를 통해서 이것을 해명할 수도 있을 것이다. 습관 때문에 우리는 추론에서와 마찬가지로 정념에서도 정당한 한계를 쉽게 넘어선다.(p. 293)

제7절 부덕과 덕에 관하여

자연계에는 도덕성의 기초가 없다는 사실을 인정한다면, 부덕과 덕 등이 자기이익(self-interest)이나 교육을 통한 선입견 중 어느 것에서 유래하든 관계없이, 우리에게 실제로 고통이나 쾌락을 낳는다는 것도 인정해야 한다. 또 이 가설을 옹호하는 사람들이 이런 사실을 집요하게 주장한다는 점도 주목할 수 있다. 모든 정념과 버릇 또는 개성(turn of character) 등은 각각 우리의 이익과 선입견을 따르는 성향이 있는데, 이것들은 즐거움과 언짢음을 준다. 또 여기서 동의와 반대가 발생한다. 우리는 타인의 관대함 때문에 쉽게 '무엇을' 얻을 수도 있지만, 타인의 탐욕 때문에 잃어버릴 위험도 상존한다. 우리는 용기를 통해 자신을 지키지만, 겁 때문에 모든 공격을 감수할 수밖에 없다. 정의는 사회의 주춧돌이지만, 부정을 방치하면 그것은 곧 사회의 파탄에 대한 증거이다. 소심한 것을 보면 우리는 의기양양해지지만, 긍지에 찬 것을 보면 우리는 비굴해진다. 이런 이유 때문에 소심의 성질은 덕으로 평가되고, 긍지의 성질은 부덕으로 평가된다. 이제 모든 종류의 장점이나 단점을 따르는 즐거움이나 언짢음이 있다는 것을 인정하게 되므로, 이것으로 내 목적은 충족되었다.(p. 295)

제8절 아름다움과 흉에 관하여

우리는 신체를 우리 자신의 일부로 생각할 것인가? 아니면 외부의 어떤 것으로 여기는 철학자들의 의견에 동의할 것인가? 어떤 경우이든 내가 긍지와 소심의 필수적 원인이라고 주장했던 이중 관계 가운데 하나를 우리가 형성하는 데 신체는 밀접한 연관이 있다. 따라서 우리가 인상들의 다른 관계가 관념들의 이런 관계와 연관되는 것을 발견할 수 있는 경우에는 언제나 그 인상이 유쾌한지 언짢은지에 따라서 긍지나 소심을 기대할 수 있을 것이다. 그러나 모든 종류의 아름다움은 우리에게 고유의 즐거움과 만족을 낳는다. 마찬가지로 흉은 고통을 낳는다. 아름다움이나 흉이 어떤 주체에 있다고 해도 좋고, 또 생명체나 무생명체 중 어디에 있든지 상관없다. 그런데 아름다움이나 흉이 우리 신체에 있다면, 쾌락이나 언짢음은 긍지나 소심으로 전환되어야 한다. 이 경우에 인상과 관념 등의 완전한 전이를 낳는 데 필요한 모든 여건을 갖추고 있기 때문이다. 이 상반된 감각은 상반된 정념과 관련되어 있다. 아름다움이나 흉은 이 두 정념의 대상인 자아와 밀접한 관계를 갖는다. 그렇다면 우리 자신의 아름다움이 긍지의 대상으로 되고, 흉이 소심의 대상으로 되는 것은 당연하다.(p. 298)

제9절 외적 장단점에 관하여

긍지와 소심이 정신과 신체의 성질, 즉 자아를 자연적이고 직접적인 원인으로 갖는다고 하더라도, 경험을 통해 알 수 있듯이 그와 같은 감정을 낳는 다른 사물(objects)도 많으며, 또 1차적 원인은 이질적이고 부차적인 다양한 요인 때문에 모호하거나 간과된다. 우리는 인격적 가치와 교양에서와 마찬가지로 주택, 정원, 마차 등에서도 허영심을 느낀다. 또 이 외부적 장점이 그 자체에서는 사유나 인격과 거리가 멀지만, 그럼에도 불구하고 그 장점은 자아를 자신의 궁극적 대상으로 삼는 정념에도 영향을 끼친다. 외부 대상이 우리 자신과 특정한 관계를 형성하여 우리와 연합되거나 연관될 때 이런 일이 일어난다. 큰 바다의 아름다운 물고기, 사막의 동물, 우리가 소유하지도 못하고 관계도 없는 사물은 모두 그것들이 어떤 기괴한 성질을 타고났거나 아무리 감탄과 경이를 자아낸다 하더라도 결코 우리의 허영심에 영향을 끼칠 수 없다. 그런 것이 우리 긍지와 관련되려면 어떤 방식으로든지 우리와 연합해야 한다. 그런 사물의 관념은 일정한 방식으로 우리 자신의 관념에 종속되어야 한다. 그리고 그 사물의 관념에서 우리 자신의 관념으로 이행은 거침없고 자연스러워야 한다. (pp. 303-304)

제10절 소유와 재산에 관하여

소유 관계는 가장 밀접한 관계로 평가되며, 다른 모든 관계보다 가장 흔하게 긍지라는 정념을 산출한다. 정의와 다른 도덕적 덕목을 다루기 전에는 이 관계를 충분히 설명할 수 없을 것이다. 여기서는 소유를 다음과 같이 정의할 수 있을 것이라는 점을 표명하는 것으로 충분하다. 즉 한 인간과 어떤 대상 사이의 소유 관계는 그가 정의와 도덕적 형평의 규칙을 침해하지 않는 한, 배타적으로 그 대상을 자유롭게 사용하고 소유하는 것을 승인한다. 따라서 정의가 인간 정신에 자연적이고 근원적인 영향을 끼치는 덕이라면, 소유를 특별한 종류의 인과로 볼 수도 있을 것이다. 소유 관계가 소유자가 그 대상을 원하는 대로 다룰 수 있는 자유를 준다고 생각하든 그 대상에서 수익을 얻을 수 있는 특전을 주는 것으로 생각하든 관계없다. 어떤 철학자의 체계에 따라 정의를 인위적 덕목이지 자연적 덕목이 아니라고 평가하더라도 역시 마찬가지이다. 명예와 관습, 그리고 시민법은 자연적 양심(natural conscienice)의 여지를 제공해 주며 어느 정도 동일한 결과를 낳기 때문이다. 어쨌든 소유물을 언급하는 것은 자연스럽게 우리가 소유자를 생각하도록 하고, 소유자를 언급하는 것은 자연히 소유물을 생각하도록 한다는 것은 확실하다.(pp. 309-310)

제11절 명예욕에 관하여

명예는 대체로 유쾌하겠지만, 우리 자신이 미워하고 경멸하는 사람의 승인보다는 존경하고 동조하는 사람의 승인을 통해 우리는 더 큰 만족을 얻는다. 마찬가지로 우리는 자신이 어떤 사람의 판단에 대해 어느 정도 가치를 인정하는 경우에는 그 사람의 경멸 때문에 주로 모욕감을 느끼지만, 그 밖의 사람들 의견에 대해서는 대개 무관심하다. 그러나 정신이 근원적 직감에서 명예를 욕구하고 불명예를 혐오한다면, 명예와 불명예는 똑같이 우리에게 영향을 끼칠 것이다. 모든 의견은 그것이 호의적인지 그렇지 않은지에 따라 욕구와 혐오를 낳는다. 바보의 판단도 현인의 판단과 마찬가지로 타인의 판단이며, 다만 우리 자신의 판단력에 끼치는 영향력이 열등할 뿐이다.(p. 321)

제12절 동물의 긍지와 소심에 관하여

우리가 긍지와 소심을 느끼는 데 필요한 모든 내부 원리는 모든 동물에게 공통적이다. 그리고 이런 정념을 낳는 원인도 동일하다. 따라서 이 원인들이 모든 동물에게 동일한 방식으로 작용한다는 결론을 내려도 무방할 것이다.(p. 328)

제2부

사랑과 미움에 관하여

제1절 사랑과 미움 따위의 원인과 그 대상

사랑과 미움 따위의 원인들을 곰곰이 생각해 보면, 그 원인들은 매우 다채롭고 공통점도 그리 많지 않다. 사람의 덕·지식·재치(wit)·총명(good sense)·유쾌한 정취 등은 사랑과 부러움을 낳는다. 바로 이와 상반된 성질은 미움과 경멸을 낳는다. 바로 이런 정념은 신체적 소양, 즉 아름다움·힘·날쌤·능란함 따위에서 발생한다. 물론 그 반대의 정념은 이와 상반되는 요소에서 발생한다. 마찬가지로 가계·소유물·의상·국가·기후 따위의 외적인 장단점에서도 이런 정념이 발생한다. 이런 대상들 중 어떤 것이 아니라, 그 대상의 상이한 성질들을 통해 사랑과 부러움이 산출되거나 미움과 경멸이

산출될 수도 있다.(p. 330)

긍지와 소심에 대해 지금까지 우리가 살펴본 모든 것을 통해 사랑과 미움 따위의 정념을 추적하는 것은 지루할 것이다. 긍지와 소심에 대해 우리가 살펴본 것은 사랑과 미움에도 그대로 적용될 수 있다. 사랑과 미움의 대상은 분명히 사고하는 자아이며, 사랑이라는 정념의 감각은 언제나 호의적이지만 미움이라는 감각은 언제나 언짢다는 것 따위를 대충 깨닫는 것으로 충분하다. 또 우리는 어느 정도 개연성을 가지고 다음과 같이 가정할 수도 있을 것이다. 즉 이 두 정념의 원인은 언제나 사유하는 존재와 관련되어 있으며, 사랑의 원인은 별개의 쾌락을 낳고, 미움의 원인은 별개의 언짢음을 낳는다.(p. 331)

제2절 이 체계를 확증하기 위한 실험

이 실험을 하기 위해, 우정이나 적대감을 가졌던 적이 없는 사람을 이제 나의 동반자로 가정하기로 하자. 이제 나는 이런 네 가지 정념 모두의 자연적이고 궁극적인 대상을 갖는다. 나 자신은 긍지나 소심의 고유 대상이고, 다른 사람은 사랑이나 미움의 고유 대상이다.

이제 이 정념들의 본성과, 정념들 상호 간의 관계를 살펴보자. 여기서 명백한 것은 정념들이 일정한 거리를 두고 사각형으로 또는 규칙적인 연관으로 놓여 있다는 것이다. 사랑이나 미움의 정념과 다를 바 없이 긍지와 소심의 정념도 그 대상의 동일성을 통해 연관되어 있다. 긍지와 소심의 대상은 자기(self)이며, 사랑과 미움의 대상은 다른 인격이다. 이와 같은 교류나 연관의 두 맥락이 각각 이 사각형의 두 대변을 형성한다. 또 긍지와 사랑은 유쾌한 정념이고, 소심과 미움은 언짢은 정념이다. 긍지와 사랑 사이의 감각적 상등성(相等性) 및 소심과 미움 사이의 감각적 상등성이 새로운 연관을 형성하는데, 이 연관을 이런 사각형의 다른 두 대변이라고 볼 수 있을 것이다. 대체로 긍지는 그 대상이나 관념을 통해 소심과 연관되며, 사랑은 미움과 연관된다. 긍지는 그 감각이나 인상을 통해 사랑과 연관되며, 소심은 미움과 연관된다.

그러면 내가 주장할 수 있는 것은 이중 관계에 포함되지 않는 것, 즉 말하자면 정념의 대상에 대한 관념들 사이의 관계 및 정념 자체에 대한 감각의 관계 등에 포함되지 않는 것은 결코 이런 정념 가운데 어떤 것도 산출할 수 없다는 것이다.(p. 333)

제3절 해소되는 어려움

무엇보다도 분명한 것은 우리가 어떤 사람으로부터 받는 쾌락이나 언짢음에 비례하여 그는 우리의 호의(kindness)를 받거나 악의(ill-will)에 직면하게 되고, 그런 정념도 자신의 어떤 변화나 변이에서도 이런 감각과 궤를 같이 한다는 점이다. 자신의 봉사나 용모 또는 아첨 때문에 우리에게 유용하거나 우리 호감을 사는 사람은 틀림없이 우리 마음에 들겠지만, 반면에 우리를 해치거나 불쾌하도록 만드는 사람은 반드시 우리의 분노와 미움을 자아낸다. 우리의 조국이 다른 나라와 교전 중일 때, 잔혹하고 믿을 수 없으며 불공정하고 폭력적인 다른 나라의 특성을 두고 그 국가를 혐오한다. 그렇지만 언제나 우리 자신의 국가나 우리의 동맹국에 대해서는 공정하고 온건하며 자비롭게 평가한다. 설령 적장이 승리하더라도, 우리가 그에게 인간상과 인간성을 인정하기는 어렵다. 적장은 마법사이고 악마와 교신한다. 올리버 크롬웰과 룩셈부르크 공작에 대한 기록처럼, 적장은 잔혹하며 살육과 파멸에서 쾌락을 얻는다. 그러나 만일 우리 편이 승리한다면, 우리의 지휘관은 그와 정반대의 성격을 모두 지녔고, 용기와 올바른 품행뿐만 아니라 덕에 있어서도 모범이다. 그의 배신을 우리는 정치적 책략이라고 한다. 그의 잔혹함은 전쟁 때문에 어쩔 수 없는 악이다. 간단히 말해서 우리는 아군 지휘관의 잘못은 일일이 얼버무리거나, 적당한 덕의 이름으로 미화하려고 애쓴다. 바로 이런 사고방식이 일상생활에도 널리 유포되어 있음은 명백하다.(p. 348)

제4절 혈연에 대한 사랑에 관하여

지금까지의 체계에 따르면, 사랑이나 미움을 산출하기 위해서 원인과 결과 사이에는 언제나 인상과 관념의 이중 관계가 필요하다. 그러나 이런 사실이 비록 보편적으로 타당하다고 할지라도, 사랑이라는 정념은 상이한 종류의 단 한 가지 관계, 즉 우리 자신과 대상 사이의 관계를 통해서 발생할 수도 있다는 점은 주목할 만하다. 좀더 정확히 말해서 이 관계는 언제나 우리 자신과 그 대상을 수반한다. 어떤 연관을 통해 우리와 합일된 사람은 누구든지 우리가 그의 다른 성질을 둘러볼 겨를도 없이 그 연관에 비례하여 우리의 사랑을 차지한다는 것은 확실하다. 따라서 혈연관계는 부모가 자식에게 쏟는 사랑에서 정신이 할 수 있는 가장 강력한 유대를 산출하지만, 그 관계가 약화됨에 따라 이런 감정의 정도도 약해진다. 혈족만 이런 결과를 가져오는 것은 아니며, 그 밖의 모든 관계도 예외일 수는 없다. 우리는 이웃 사람을 비롯해서 생업이나 직업 그리고 자신과 이름 따위가 같은 사람까지도 사랑한다. 이런 관계들은 저마다 어떤 유대로 평가되며, 우리 애정을 공유할 권리를 준다.(pp. 351-352)

제5절 부유하고 권력 있는 사람에 대한 우리의 부러움에 관하여

우리가 어떤 사람에게 부러움을 느끼는 가장 큰 요인

(tendency)은 바로 그가 소유한 권력과 재산이다. 우리가 어떤 사람에게 경멸을 품는 가장 큰 요인은 그의 가난과 비천함이다. 부러움과 경멸은 사랑과 미움의 종류로 간주되므로, 여기서 이 두 현상을 설명하는 것이 적절할 것이다.

아주 다행스럽게도 여기서 가장 큰 어려움은 이런 결과를 산출할 수 있는 하나의 원리를 발견하는 것이 아니라, 나타난 여러 원리 가운데 핵심적이고 유력한 원리를 선택한다는 점이다. 우리가 다른 사람의 재산에서 얻는 만족과, 그 재산의 소유자에 대해 우리가 갖는 부러움 따위는 상이한 세 가지 원인에서 기인할 수 있다. 첫째, 다른 사람들이 소유한 사물, 즉 집·정원·마차 따위에서 기인한다. 이런 사물은 그 자체가 호의적인데, 이런 것을 생각하거나 둘러보는 모든 사람에게 필연적으로 쾌락의 소감을 산출한다. 둘째, 우리는 부유한 권력가의 소유물을 공유함으로써 그들에게서 이익을 기대하는데, 만족과 부러움은 이러한 이익을 기대하는 데에서 기인한다. 셋째, 공감에서 기인한다. 공감을 통해 우리는 우리 주변의 모든 사람과 만족을 나눈다. 이런 현상을 산출함에 있어서 이런 모든 원리가 공조할 수도 있다. 문제는 우리가 이런 현상이 이 원리들 가운데 주로 어떤 것에서 기인하는 것으로 생각해야 하는가이다. (pp. 357-358)

제6절 자비와 분노에 관하여

사랑과 미움의 정념에는 언제나 자비와 분노가 따른다. 아니 오히려 이 감정들은 서로 결부된다. 바로 이런 결부는 주로 이런 감정을 긍지와 소심 따위와 구별한다. 긍지와 소심은 영혼의 순수 정서로서, 어떤 욕구도 수반하지 않으며 우리의 행동을 직접 유발하지 않는다. 그러나 사랑과 미움은 그 자체로써 완결될 수 없고, 또 자신이 산출한 정서에 머무르지 않고, 정신을 다른 어떤 것으로 몰아붙인다. 사랑은 언제나 사랑받는 사람의 행복에 대한 욕구와 그의 불행에 대한 혐오를 수반한다. 그리고 미움은 미움 받는 사람의 행복에 대한 혐오와 그의 불행에 대한 욕구를 산출한다. 긍지와 소심, 사랑과 미움이라는 정념의 두 집합 사이에 상당한 차이가 있고 그 밖의 여러 정념도 이 두 집합에 각각 상응하는데, 이 차이점에 우리는 주목해야 한다.(p. 367)

제7절 연민에 관하여

연민이라는 정념은 앞에서 공감에 관해 추론했던 것으로 쉽게 설명할 수 있을 것이다. 우리는 우리와 관련된 모든 것에 대해 생생한 관념을 갖는다. 모든 인간 존재는 유사성 때문에 우리와 관련되어 있다. 따라서 그들의 인격·취미·정념·고통·쾌락 따위는 우리를 생생하게 자극하며, 근원적인 것과 비숫한 정서를 산출한다. 생생한 관념은 쉽게 인상으로 전환되기 때문이다. 이런 것이 대체로 사실이라면, 번뇌와 슬픔 역시 마찬가지여야 한다. 번뇌와 슬픔은 언제나 어떤 쾌락이나 즐거움보다 훨씬 강하고 지속적인 영향력을 갖는다.(p. 369)

제8절 심술과 질투에 관하여

　다른 사람이 현재 누리는 즐거움을 우리 자신의 즐거움과 비교하면 우리 자신의 즐거움에 대한 관념이 감소하게 되는데, 이때 다른 사람의 즐거움 때문에 질투가 유발된다. 반면에 심술은 비교를 통해 쾌락을 얻기 위해 타인에 대해 악을 산출하는 까닭 없는 욕구이다. 이것이 질투와 심술 사이의 유일한 차이점이다. 즐거움이 질투의 대상일 때, 이 즐거움은 대체로 우리 자신의 즐거움보다 우월하다. 이 우월성은 자연히 우리 자신을 초라하게 만들어 못마땅한 비교를 낳는다.

　그러나 다른 사람의 즐거움이 우리 자신의 즐거움보다 열세인 경우에도 우리는 우리 자신의 즐거움에 대한 관념을 더욱 증대시키기 위해 거리를 더 두려고 한다. 이 거리가 줄어들면, 비교는 우리에게 덜 유리하게 되어 결과적으로 우리의 쾌락도 줄어들며, 심지어 그런 비교가 못마땅하기까지 하다. 여기서 이런 종류의 질투가 발생하는데, 사람은 영예나 행복을 추구하면서 자기보다 열등한 사람이 자신을 뒤쫓거나 압도할 때, 이런 질투를 느낀다. 이런 질투에서 우리는 두 번씩이나 거듭된 비교의 결과를 볼 수 있을 것이다. 자신을 자기보다 열등한 사람과 비교하는 사람은 비교를 통해 쾌락을 받아들인다. 그리고 열등한 사람이 승진하여 열등성이 줄어들면 이것을 이전의 상황과 비교하여 쾌락도 당연히 줄어들어야 한다는 점은 실제적인 고통이다.

다른 사람의 우월성에서 발생하는 질투에 대해 살펴보면, 질투를 낳는 이 우월성은 우리 자신과 다른 사람 사이의 현격한 불균형이 아니라, 우리와 엇비슷한 사람과의 차이이다. 일반 병사는 자신의 하사관이나 상급 병사 따위에 대한 질투를 자신의 장군에 대해서는 품지 않는다. 유명한 문필가는 자신과 아주 엇비슷한 사람에게 느끼는 질투를 평범한 삼류 작가에게서는 느끼지 않는다. 실제로 불균형이 심화될수록 비교를 통해 발생하는 불쾌감도 증대될 수밖에 없다고 생각할 수도 있을 것이다.

그러나 달리 생각해 보면, 현저한 불균형은 관계를 단절시키고, 우리 자신을 우리와 동떨어진 사람과 비교할 수 없도록 하거나 비교의 결과를 감소시킨다. 유사성과 엇비슷한 차이는 늘 관념들 사이의 관계를 산출하며, 그리고 당신이 이 관계의 결합력을 파괴하는 경우에 설령 다른 우발적 요인이 두 관념을 함께 결합시키더라도, 상상력에서 두 관념을 결합시킬 유대나 성질이 없으므로, 그 관념들은 오랫동안 합일되어 있을 수 없거나, 상호 간에 상당한 영향력을 끼칠 수도 없다.(pp. 377-378)

제9절 자비와 분노를 연민, 심술과 혼합하는 것에 관하여

사랑에 수반되는 욕망 또는 자비는 사랑 받는 사람의 행복에 대한 욕구이며, 그 사람의 불행에 대한 혐오이다. 미움에 수반되는 욕망 또는 분노는 미움 받는 사람의 불행에 대한 욕구이며 그의 행복에 대한 혐오이다. 따라서 다른 사람의 행복에 대한 욕구와, 다른 사람의 불행에 대한 혐오는 자비와 유사하다. 그리고 다른 사람의 불행에 대한 욕구와 그의 행복에 대한 혐오는 분노에 해당된다. 이제 연민은 타인의 행복을 욕구하고 그의 불행을 기피하는 것이며, 심술은 그와 반대의 욕망이다. 따라서 연민은 자비와 관련되어 있고, 심술은 분노와 관련되어 있다. 그리고 이미 살펴보았듯이, 자비는 자연적이고 근원적인 성질을 통해 사랑과 연관되어 있으며, 분노는 미움과 연관되어 있다. 이런 연결 고리를 통해 연민과 심술 따위의 정념이 사랑 및 미움과 연관된다.(p. 382)

제10절 존경과 경멸에 관하여

다른 사람의 성질이나 여건을 고찰할 때, 우리는 그런 것들이 실제로 그 자체로 존재하는 것으로 보든가, 또는 그런 것들을 우리 자신의 성질과 여건에 비교하든가, 아니면 이 두 고찰 방식을 결합할 수도 있을 것이다. 다른 사람의 좋은 성질은 첫째 관점에서 사랑을 낳고, 둘째 관점에서 미움을 낳고, 셋째 관점에서 존경을 낳는다. 존경은 두 정념의 혼합물이다. 마찬가지로 다른 사람의 나쁜 성질은 우리가 그 성질을 보는 관점에 따라서 미움이나 긍지 또는 경멸을 유발한다.(pp. 389-390)

제11절 연모의 정 또는 이성 간의 사랑에 관하여

사랑과 미움이 다른 감정과 혼합되어 나타나는 모든 복합 정념(compound passions) 가운데 그 힘과 격렬함뿐만 아니라 그 진기한 철학적 원리 때문에 우리의 관심을 가장 끄는 정념은 이성 간에 발생한 사랑이며, 이 사랑은 그 원리를 위해 우리에게 반박할 수 없는 논변을 제공한다. 가장 자연스러운 상태의 이 감정은 분명히 다음과 같은 세 가지의 상이한 인상이나 정념이 결부되어 나타난다. 즉 그 인상이나 정념은 아름다움에서 발생한 유쾌한 감각, 생식을 위한 신체적 욕망, 그리고 관대한 친절이나 호의 등이다. 앞서 추론했던 바를 통해 친절의 원천을 아름다움이라고 설명해도 좋을 것이다.(p. 394)

제12절 동물의 사랑과 미움에 관하여

그러나 사람에게 나타나는 사랑과 미움의 정념으로부터, 그리고 이 정념들의 혼합과 합성으로부터 야수에게 보이는 이런 감정으로 넘어가면 다음과 같이 생각할 것이다. 사랑과 미움은 감성적인 모든 피조물에게 공통적일 뿐만 아니라 그 원인 또한 앞에서 설명했듯이 본성적으로 너무 단순해서, 그 원인이 오직 동물에게만 적용될 것이다. 사랑이나 미움에 반성이나 통찰의 힘은 전혀 필요 없다. 만물을 지배하는 본성이나 원리는 인간이나 특정 종류의 동물 고유의 것이 아니다. 이런 사실에서 내린 결론은 분명히 앞의 체계에 동조적이다.

동물의 사랑은 자기 종족만을 유일한 대상으로 삼는 것이 아니라 종족을 넘어서며, 감성적이고 사유하는 거의 모든 존재도 그 대상으로 삼는다. 자연히 개는 자신의 종족보다 우월한 인간을 사랑하며, 거의 대부분이 애정이 되돌아옴을 경험한다.

동물은 상상력의 쾌락이나 고통을 거의 느낄 수 없으므로, 자신의 대상이 나타내는 감각적 선악만으로 그 대상을 판단할 수 있는데, 이런 선악에 따라서 그 대상에 대한 자신의 애정을 제어해야 한다. 따라서 우리가 알 수 있듯이, 우리는 동물을 애호하거나 학대함으로써 동물의 사랑이나 미움을 산출하고, 어떤 동물을 사육하고 아낌으로써 곧 그 동물의 애정을 얻는다. 또 동물을 때리고 구박하면, 우리는 그 동물에게 적의나 악의를 살 수밖에 없다.

야수의 사랑은 인류의 사랑만큼 혈연관계를 통해 인과적으로 발생하지 않는다. 동물의 사고력은 극히 명백한 사례가 아니면 혈연관계를 추적할 만큼 왕성하지 못하기 때문이다. 그러나 어떤 경우에는 관계가 동물의 사고에 상당한 영향을 끼친다는 것을 쉽게 알 수 있다. 따라서 혈연관계와 같은 결과를 갖는 친숙함은 항상 인간에 대한 사랑이나 동물들 상호 간에 대한 사랑을 낳는다. 바로 이런 이유 때문에 동물들 사이의 유사성은 애정의 원천이다. 여러 마리의 말과 함께 공원에 갇힌 황소는 자연히 말의 집단에 끼어들겠지만, 말의 집단과 자기 종족의 집단 중 하나를 선택할 수 있다면 자기 종족과 어울리기 위해 언제든지 말의 집단을 떠날 것이다.(pp. 397-398)

제3부

의지와 직접 정념에 관하여

제1절 자유와 필연에 관하여

보편적으로 인정되듯이, 외부 물체의 작용은 필연적이며, 외부 물체들 사이의 운동 전달과 인력 그리고 상호 응집력 등에서 무차별성(indifference)이나 자유는 조금도 없다. 절대 운명은 모든 대상의 운동량과 운동 방향을 결정하였다. 그리고 모든 대상은 자신이 천사나 정령(spirit) 또는 그보다 우월한 어떤 실체로 변환될 수 없듯이, 자신이 움직이는 단단한 운명의 굴레를 벗어날 수 없다. 그러므로 물질의 운동은 필연적 운동의 사례로 간주될 수 있다. 이런 측면에서 물질과 동일한 지반을 갖는 것은 모두 필연적인 것으로 인정되어야 한다. 이것이 정신 활동의 경우에도 마찬가지인지 알아보기 위해, 먼저 물질을 검토하고, 물질의 작용에서 필연성의 관념이 무엇에 토대를 두고 있는지 살펴보고자 한다. 그리고 어떤 물체나 행동이 다른 물체나 행동의 불가피한 원인이라고 결론내리는 이유를 고찰해 보고자 한다.(pp. 399-400)

단언하건대, 나의 정의를 바꾸어서 원인과 결과 그리고 필연성 및 자유와 우연 따위에 다른 의미를 부여하지 않고는 어느 누구도 이 추론을 반박하려고 애쓰지 않을 것이다. 나의 정의에 따르면, 필연성은 인과의 본질적 부분을 이루며, 결과적으로 자유는 필연성을 제거함으로써 원인 또한 제거하고, 자유는 곧 우연이다. 우리는 대체로 우연이 모순을 내포한다고 생각하며, 적어도 우연은 경험과 직접적으로 상반되므로, 자유 또는 자유 의지 등과 상반되는 논변이 언제나 존재한다.(p. 407)

제2절 이어지는 같은 주제

내가 믿기에, 우리는 자유론이 우세한 데 대해 다음과 같은 세 가지 이유를 들 수 있다. 물론 어떤 의미에서 자유론은 아주 불합리하고, 또 다른 의미에서는 이해할 수 없겠지만 말이다. 첫째, 우리가 어떤 행동을 수행한 다음 특정한 견해나 동기에 영향을 받았다고 자인하더라도, 우리는 우리가 필연성의 지배를 받는다는 것을 확신하기는 어렵고, 또 우리가 다른 방식으로 행동한다는 것도 전혀 불가능하다는 것을 확신하기 어렵다. 우리는 필연성의 관념이 우리가 감지할 수 없는 힘과 방해 및 구속력 등을 포함하는 것으로 여긴다. 강단에서 일컫는 자발성(spontaniety)의 자유와 무차별의 자유를 구별할 수 있는 사람은 거의 없다. 방해와 대립적인 자유, 필연성과 원인 따위의 부정을 의미하는 자유를 구별할 수 있는 사람도 거의 없다.(p. 407)

그런데 여기서 나는 내 이론에 반대하는 사람에게 눈길을 돌려서, 그가 이 밉살스러운 귀결을 다른 이론에 떠넘기기 전에 자신의 이론이나 이 귀결을 면하기 바란다. 혹은 그가 이 문제를 대중 앞에 떠벌림으로써 결정하기보다는 철학자들 앞에서 공정한 논변을 통해 결정하기 바란다면, 자유와 우연이 동의어라는 점을 증명하기 위해 내가 앞에서 제시했던 것과, 그리고 도덕적 명증성 및 인간 행동의 규칙성 따위에 관해 내가 말한 것 등을 그가 돌이켜 보도록 하자. 이 추론을 되돌아보면, 나는 완전한 승리를 의심할 수 없다. 그리고 의지의 모든 활동이 일정한 원인을 갖는다는 것이 증명되었으므로, 이어서 나는 이 원인들이 무엇이며, 그 원인들이 작용하는 방식을 설명해 보고자 한다.(p. 412)

제3절 의지의 유력한 동기에 관하여

정념과 이성의 싸움을 이야기하며 이성의 편을 들고, 사람은 이성의 명령에 따르는 만큼만 유덕하고 주장하는 것은, 철학은 물론 심지어 일상생활에서조차 가장 흔하다. 이성적 존재는 이성을 통해 자신의 행동을 통제하지 않으면 안 된다. 그리고 만일 다른 동기나 원리가 그의 행동 지침과 어긋날 경우에, 그 동기나 원리가 완전히 사라지거나 적어도 상위 원리와 합치될 때까지 그는 그 동기나 원리와 맞서야 한다. 근대 및 고대의 도덕 철학은 대부분 이런 사고방식에 토대를 둔 것이다.

형이상학적 논변은 물론 대중 연설에서도 이성을 정념보다 우위에 두는 가정이 가장 일반적이다. 지금까지 이성의 영원불변성 및 그 신적 기원은 최고의 장점으로 드러났다. 정념의 맹목성 및 불안정성과 기만성 따위는 지금까지 가장 강하게 강조되었다. 이런 철학 전체의 오류를 명시하기 위해 내가 증명하는 것은 다음과 같다. 첫째, 오직 이성만으로는 어떤 의지 활동의 동기도 될 수 없다. 둘째, 이성은 의지의 방향을 결정할 때 결코 정념과 상반될 수 없다.(p. 413)

엄밀한 철학적 안목으로 대상을 검토하지 않는 사람이 자연스럽게 상상하는 것은 정신 활동이 어떤 상이한 감각도 산출하지 않고 느낌이나 지각으로는 직접 구별될 수도 없을 때 이런 정신 활동들은 전적으로 동일하다는 것이다.

예를 들면, 이성은 감지할 수 있는 정서를 산출하지 않고도 작용한다. 매우 고상한 철학적 탐구나 강단의 실없는 섬세함 따위에서는 예외겠지만, 이성이 어떤 쾌락이나 언짢음을 전해주는 일은 거의 없다. 따라서 최초의 시각과 겉모습에 따라 사물을 판단하는 모든 사람은 조용하고 침착하게 작용하는 모든 정신 활동을 이성과 혼동한다.

그런데 실제로는 정념임에도 불구하고 정신에 정서를 거의 유발시키지 않으면서, 직접적 느낌이나 감각을 통해서라기보다는 그 결과를 통해 더 잘 알려지는 차분한 욕구와 성향이 틀림없이 있다. 이런 욕구는 두 종류이다. 그 하나는 인간 본성에 근원적으로 뿌리내리고 있는 직감으로 자비와 적개심(resentment) 및 생명애 그리고 어린이에 대한 친절 따위이다. 그리고 그 다른 하나는 선 자체에 대한 일반적 욕구와 악 자체에 대한 혐오 따위라고 생각할 수도 있다. 이런 정념 가운데 어떤 것이 차분하며 영혼에 무질서를 전혀 초래하지 않는다면, 우리는 아주 쉽게 이 정념을 이성의 결정으로 받아들이고, 이 정념이 바로 참과 거짓을 판단하는 이성이라는 직능에서 유래된 것으로 가정한다. 이 정념들의 본성과 원리에 대한 감각이 분명히 구별되지 않기 때문에 사람들은 지금까지 이 정념들의 본성과 원리를 동일한 것으로 가정했다.

제4절 격렬한 정념의 원인에 관하여

정념들이 동시에 현전할 때, 그 정념들은 서로 무관하더라도 자연스럽게 서로 혼입되므로, 선이나 악이 자신의 욕구나 혐오 따위의 정념뿐만 아니라 그 밖의 어떤 특정 정서를 유발할 상황에 있다면, 욕구나 혐오는 새로운 힘을 얻거나 격렬해질 수밖에 없다. 특히 어떤 대상이 상반된 정념들을 유발시키는 경우에는 언제나 이런 일이 발생한다. 정념들 사이의 대립은 대체로 기운에 새로운 정서를 유발하며 대등한 힘을 갖는 두 감정이 동시에 발생했을 때보다 더 큰 혼란을 초래하기 때문이다. 이 새로운 정서는 쉽게 지배적인 정념으로 전환되며 더욱 격렬해지고, 그 정서가 도달할 정점을 넘어서면 어떤 대립도 없다.

따라서 자연히 우리는 금지된 것을 욕구하며 행동으로 수행하는 데에서 쾌락을 얻는데, 이것은 그런 행동이 불법적이라는 것 때문이다. 의무 개념이 정념과 대립될 때, 그 개념이 정념을 압도하기는 거의 어렵다. 또 그 개념이 이런 결과를 얻지 못하면 우리 동기와 성향(principles) 사이에 대립을 일으킴으로써 오히려 정념을 증대시키기 쉽다.

이 대립이 내적 동기에서 발생하든 외적 장애에서 발생하든 관계없이 동일한 결과가 나타난다. 어느 경우이든 정념은 공통적으로 새로운 힘을 얻거나 격렬해진다. 그런 장애를 극

복하려는 정신의 노력은 기운을 북돋워서 정념에 생기를 불어넣는다.(p. 421)

제5절 습관의 영향력에 관하여

우리의 정념을 증감시키고 쾌락을 고통으로 바꾸는 데 가장 중대한 영향력을 발휘하는 것은 습관과 반복이다. 습관이 정신에 끼치는 근원적 영향 중 하나는 어떤 행동을 수행하거나 어떤 대상을 표상할 때 수월함을 제공하는 것이며, 다른 하나는 그 행동이나 대상을 향한 경향이나 의향을 정신에 제공하는 것이다. 습관의 영향력이 아무리 특이하더라도, 우리는 이런 사실들로부터 습관이 갖는 그 밖의 영향력을 모두 설명할 수 있을 것이다.(p. 423)

제6절 상상력이 정념에 끼치는 영향력에 관하여

상상력과 감정이 밀접하게 합일되며, 상상력에 영향을 끼치는 것은 감정과 완전히 무관할 수도 없다는 점은 주목할 만하다. 선이나 악 따위의 관념이 새로운 생동성을 얻는 경우에 그 정념은 더욱 격렬해지며, 정념은 생동성이 어떻게 변하더라도 상상력과 보조를 맞춘다.(p. 424)

신념은 현전하는 인상과 관련된 생생한 관념일 뿐이다. 이 생동성은 격렬한 정념은 물론 차분한 정념에 이르기까지 모든 정념을 불러일으키는 데 필요한 여건이다. 단지 상상력의 허구만으로는 어떤 정념에도 상당한 영향력을 끼칠 수 없다. 정신을 붙잡아두거나 정서를 수반하기에 상상력의 순순한 허구는 너무 약하다.(p. 427)

제7절 공간과 시간 등에서 인접과 거리

우리는 공간적으로나 시간적으로 우리와 인접한 만물을 특히 강하고 생생하게 표상하며, 그런 대상이 그 밖의 대상보다 상상력에 월등한 영향력을 끼치는데, 그 이유는 간단하다. 우리 자아는 우리에게 직접적으로 현전하며, 자아와 관련된 것은 무엇이나 이런 성질을 공유해야 한다. 그렇지만 어떤 대상이 이런 관계의 장점을 상실할 정도로 멀리 있는 경우에, 그 대상이 멀수록 그 대상의 관념도 더욱 희미하고 모호해진다.(p. 427)

제8절 이어지는 같은 주제

지금까지 우리는 매우 주목할 만한 다음의 세 가지 현상을 해명했다. 즉 거리가 표상 작용과 정념을 약화시키는 이유, 시간 거리가 공간 거리보다 큰 영향력을 갖는 이유, 그리고 과거 시간 거리가 미래 시간 거리보다 큰 영향력을 갖는 이유이다. 이제 우리는 이와 어느 정도 상반되는 것으로 보이는 다음 세 가지 현상을 살펴보아야 한다. 즉 아주 큰 거리가 대상에 대한 우리의 부러움과 감탄을 증대시키는 이유, 아주 큰 시간 거리가 같은 공간 거리보다 부러움과 감탄을 증대시키는 이유, 과거 시간 거리가 미래 시간 거리보다 부러움과 감탄을 자아내는 이유 등이다.(p. 432)

제9절 직접 정념에 관하여

쉽게 살펴볼 수 있듯이 정념은 직접적이든 간접적이든 고통과 쾌락에 기초를 두고 있으며, 어떤 종류의 감정을 산출하는 데에는 어떤 선이나 악이 제시되기만 하면 된다. 고통과 쾌락이 멀어지면 곧 이어서 사랑과 미움, 긍지와 소심 그리고 반성적이거나 이차적인 인상들 따위도 대개 멀어진다.

선과 악에서 거의 채비 없이 가장 자연스럽게 발생하는 인상은 의욕과 함께 욕구·혐오·비탄·기쁨·희망·두려움 따위의 직접 정념이다. 선과 악이 단순히 관념으로만 표상되고 미래에 존재하는 것으로 간주되더라도, 근원적 직감 때문에 정신은 선과 합일하고 악을 회피하는 경향이 있다.

고통이나 쾌락 따위의 직접 인상이 있고, 이 인상이 우리 자신이나 다른 사람 등과 관련된 대상에서 발생한다고 상정하면, 그에 따른 정서와 함께 이 인상은 성향이나 혐오를 막을 수 없지만 인간 정신의 어떤 잠재적 원리와 함께 긍지나

소심, 사랑이나 미움 따위의 새 인상을 불러일으킨다. 이 성
향 때문에 우리는 그 대상과 합일되거나 분리되는데, 이 성향
은 인상과 관념의 이중 관계에서 발생하는 간접 정념과 결부
되는 한 계속 작용한다.(pp. 438-439)

제10절 호기심 또는 진리에 대한 사랑에 대하여

　진리가 호의적일 수 있도록 하는 데 필요한 가장 중요한
여건은 진리를 고안하고 발견하는 데 활용된 재능과 역량이
다. 쉽고 분명한 것은 전혀 가치가 없다. 그리고 설령 그 자
체로서는 어려운 것이더라도, 우리가 그것에 대한 지식에 이
르는 데 어려움이 없고, 또 사유나 판단력의 긴장이 없다면,
그런 것은 거의 관심을 끌지 못한다. 우리는 수학자들의 논
증을 추적하는 것을 사랑한다. 그러나 어떤 사람이 우리에게
선분과 각의 비율을 사실대로 가르쳐 주고, 우리는 그 사람
의 판단력과 진실성 때문에 그 비율을 아주 신뢰하게 되더라
도, 우리는 그 사람에게 약간의 관심을 보일 뿐이다. 이런 경
우에는 진리를 배울 수 있는 귀를 갖는 것으로 충분하다. 우
리는 결코 마지못해 관심을 집중하거나 재능을 발휘하지 않
는다. 우리의 정신 작용 가운데 특히 재능은 가장 즐겁고 호
의적이다.(p. 449)

제3권

도덕에 관하여

제1부

일반적인 덕과 부덕에 관하여

제1절 도덕적 구별의 원천은 이성이 아니다.

사람들이 단언하는 바에 따르면, 덕은 이성과 부합되는 것이고 사실의 영원한 적합성(fitness)과 부적합성(unfitness)이 있으며, 이 적합성과 부적합성은 그 사실을 고찰하는 모든 이성적 존재자에게 동일하고, 옳고 그름에 대한 불변적 척도는 사람뿐만 아니라 신에게도 책임으로 부과된다. 진리와 마찬가지로 도덕성도 관념들에 의해서 식별되며, 또 관념들의 나열과 비교를 통해 식별된다. 따라서 이런 주장에 대해 판단하려면 우리는 다음과 같은 점을 고려하기만 하면 된다. 이성만으로 도덕적 선과 악을 구별할 수 있는가? 또 우리가 도덕적 선과 악을 구별하는 데 반드시 그 밖의 어떤 원리도 있

어야 하지 않는가? (pp. 456-457)

이성은 참이나 거짓을 발견하는 직능이다. 참이나 거짓은 관념들의 실제 관계 또는 실제 존재와 사실(matter of fact) 따위에 대한 일치와 불일치에 있다. 따라서 이와 같은 일치와 불일치의 여지가 없는 것은 무엇이든 참이거나 거짓일 수 없고, 결코 우리 이성의 대상일 수도 없다. 그런데 정념과 의욕 그리고 행동에는 이와 같은 일치와 불일치의 여지가 없다. 왜냐하면 이것은 근원적 사실이자 실재이며, 그 자체로 완전하고, 그 밖의 다른 정념과 의욕 그리고 행동을 가리키는 관계를 전혀 포함하지 않기 때문이다. 따라서 정념과 의욕 그리고 행동 따위는 참이거나 거짓이라고 단언될 수 없고, 이성과 상반되거나 부합될 수도 없다.(p. 458)

이성은 어떤 행동에 대해 부인하거나 찬동함으로써 직접 그 행동을 중단시키거나 유발할 수 없으므로, 그 행동을 중단시키거나 유발하는 영향력을 가진 것으로 밝혀진 도덕적 선악을 구별하는 원천일 수 없다. 어떤 행동이 칭찬 받거나 비난 받을 수는 있을 것이다. 그러나 그 행동이 합리적(reasonable)이거나 비합리적(unreasonable)일 수는 없다. 따라서 칭찬 받거나 비난 받는 것이 합리적이거나 비합리적인 것과 동일한 것은 아니다. 행동의 잘잘못은 흔히 우리의 자연적 성향과 상충되며, 우리의 자연적 성향을 억제할 때도 있다. 그러나 이성은 이런 영향력이 전혀 없다. 그러므로 도덕적 구별은 이성의 산물이 아니다. 이성은 전적으로 무기력하고, 결코 양심이나 도덕감(a sense of morals)과 같은 활동적 원리의 원천일 수 없다.(p. 458)

부덕하다고 인정된 행동, 이를테면 고의적인 살인을 사례로 들어 보자. 그 행동을 모든 측면에서 검토하고, 당신이 부덕이라고 일컫는 사실이나 실제 존재를 발견할 수 있는지 여부를 살펴보자. 그 행동을 어떤 방식으로 생각하든 당신은 오직 특정한 정념과 동기 그리고 의욕과 사유를 발견할 뿐이다. 이 경우에 그 밖의 어떤 사실의 문제도 없다. 당신은 그 대상을 생각하는 동안 부덕을 전혀 포착하지 못한다. 당신이 자신의 가슴으로 이 행동을 되새기며 이 행동에 대해 당신에게서 발생하는 거부(disapprobation)의 소감을 발견할 때까지, 당신은 결코 이 부덕을 발견할 수 없다.

여기에 사실이 있지만, 이 사실은 느낌의 대상이지 이성의 대상은 아니다. 그리고 이런 사실은 당신 자신에게 있는 것이지 대상에 있는 것이 아니다. 따라서 당신이 어떤 행동이나 성격을 부덕하다고 주장할 때, 당신은 그 행동이나 성격을 보는 데에서 당신 본성의 구조에 따라 비난의 느낌이나 소감을 갖는다는 것을 뜻할 뿐이다.

그러므로 덕과 부덕은 소리·색·더움·차가움 따위와 비

교될 수 있을 법한데, 근대 철학에 따르면 이런 것은 대상의 성질이 아니라 정신의 지각이다. 그리고 도덕에서 이런 발견은 물리학에서의 발견과 마찬가지로 사변적 학문의 상당한 진보로 간주된다. 물론 그와 같은 발견은 물리학에서의 발견과 아주 흡사하게 실생활에 영향을 거의 끼치지 못하거나 전혀 끼치지 못하지만 말이다. 우리에게 가장 실제적이고 관심을 끄는 것은 쾌락과 거북함이라는 우리 자신의 소감이다. 그리고 이와 같은 소감들이 덕에 맞고 부덕에 어긋난다면, 우리의 생활 태도와 행동을 조절하는 데 더 이상 필요한 것은 없을 것이다.

이와 같은 추론에 꼭 덧붙이고 싶은 관찰이 있는데, 아마 우리는 이 관찰에 대해 어느 정도 중요성을 느낄 것이다. 내가 지금까지 접한 모든 도덕 체계들에서 늘 주목했던 것은 명제의 일반적 계사인 '이다'와 '아니다' 대신에 '해야 한다'나 '해서는 안 된다'로 연결되지 않은 명제를 내가 전혀 보지 못했다는 점이다. 그리고 그런 도덕 체계를 구축한 저자가 한동안은 일상적 추론 방식으로 진행하고, 신의 존재를 확정하며, 인간사를 관찰한다는 점은 놀라운 사실이다.

이와 같은 계사의 교체는 부지불식간에 이루어지지만 매우 중요하다. '해야 한다'나 '해서는 안 된다'는 새로운 관계나 단언으로 표현되기 때문에 반드시 주목받고 설명되어야 할 필요가 있기 때문이다. 동시에 이 새로운 관계가 자신과는 전혀 무관한 다른 관계들에서 연역될 수 있는 방식을 우리가 거의 의식하지 못하는 데 대한 근거도 제시되어야 하기 때문이다. 그러나 그런 저자들이 대개 이런 점에 주의하지 않았으므로, 나는 독자들이 이런 점을 주의하기 바라며, 이 조그만 주의가 도덕성에 관한 통속적 체계를 모두 전복시키리라고 확신한다. 그러면 덕과 부덕을 구별하는 기초가 단지 대상들의 관계에만 있는 것이 아니며, 이성으로도 그 구별을 지각하지 못한다는 점을 살펴보자.(pp. 468-470)

제2절 도덕감에서 유래된 도덕적 구별

덕과 부덕은 이성만으로 또는 관념의 비교를 통해서 발견될 수 없다 그러므로 덕과 부덕이 유발하는 인상이나 소감을 통해서만 그 차이를 확정할 수 있다. 도덕적 청렴과 타락에 관한 우리의 결정은 분명히 지각이다. 그리고 모든 지각은 인상이거나 관념이므로, 그 결정이 둘 중 하나가 아니라는 점은 그 결정이 그 밖의 것이라는 데 대해 납득할 만한 논변이다. 그러므로 도덕성은 판단되기보다는 느껴진다는 것이 더욱 적절하다. 비록 서로 아주 유사한 것을 동일한 것이라고 말하는 우리의 일상적 습관에 따라 우리가 느낌이나 소감을 관념과 혼동하기 쉽듯이, 이 느낌이나 소감은 대체로 아주 부드럽고 온건하겠지만 말이다.

이제 다음과 같은 물음이 있다. 즉 이런 인상의 본성은 무엇이며, 우리에게 어떤 방식으로 작용하는가? 우리가 여기서 오랫동안 머뭇거릴 수 없지만, 덕에서 발생하는 인상이 호의적이며 부덕에서 발생하는 인상은 거북하다는 점은 공언해야 한다. 우리는 매 순간의 경험을 통해 틀림없이 이런 사실을 확신한다.

고귀하고 관대한 행동보다 정정당당하고 아름다운 장관은 없다. 우리가 가장 혐오하는 것은 잔인하고 배반적인 행동이다. 우리가 사랑하고 부러워하는 사람과의 교류를 통해 누리는 만족에 버금갈 만한 것은 전혀 없다. 모든 형벌 가운데 가장 큰 형벌은 우리가 미워하고 경멸하는 사람과 어쩔 수 없이 살아가도록 하는 것이다. 덕이 우리에게 쾌락을 전달하며 고통은 부덕에서 발생한다는 점에 대한 사례로 실제 연극이나 소설을 들 수 있을 것이다.

우리는 인상들을 구별함으로써 도덕적 선과 악을 알게 되는데, 인상들을 구별하는 것이 특정한 고통과 쾌락일 뿐이므로, 도덕적 구별에 대해 탐구하는 모든 경우에 우리가 어떤 성격을 보고 만족이나 거북함을 느끼게 되는 원리를 설명하는 것으로 충분하다. 그 원리에 대한 설명을 통해 우리는 그 성격이 칭찬 받거나 비난 받는 이유를 납득하기 때문이다.

　　어떤 행동이나 소감 또는 성격이 유덕하거나 부덕하다면 그 이유는 무엇인가? 바로 그 행동이나 소감 또는 성격을 지각하는 것(view)이 특정한 종류의 쾌락이나 거북함의 원인이기 때문이다. 덕의 감각(sense)을 갖는 것은 어떤 성격을 응시하는 데에서 특정한 종류의 만족을 느낀다는 것일 뿐이다. 그러므로 바로 이 느낌이 우리의 칭찬과 찬미를 구성한다. 우리는 만족의 원인을 더 이상 논의할 수 없고 탐구할 수도 없다. 우리는 어떤 성격이 유쾌하기 때문에 그 성격을 유덕하다고 추정하지 않는다. 그 성격이 바로 그와 같은 특정한 방식에 따라 유쾌하다는 그 느낌에서 우리는 결과적으로 그 성격을 유덕하다고 느끼는 것이다. 모든 종류의 아름다움과 취향 그리고 감각 따위에 관한 우리의 모든 판단도 이와 마찬가지다. 우리의 찬동은 이런 것들이 우리에게 전달하는 직접 쾌락에 담겨 있다.(pp. 470-471)

제2부
정의와 불의

제1절 정의는 자연적 덕인가 아니면 인위적 덕인가?

법률 준수의 공정성(equity)과 그 가치가 없다면, 우리는 정의의 법칙(laws of equity)을 준수할 실질적이고 보편적인 동기를 자연적으로 갖지 않는다. 독자적인 어떤 동기에서 행동이 발생할 수 없는 경우에는 어떤 행동도 정의롭지 않고 가치도 없으므로, 여기에 명백한 궤변과 순환 논증이 있다. 따라서 자연이 이 궤변을 확정하여 필수 불가결하도록 했다는 점을 우리가 인정하지 않는 한, 정의와 불의에 대한 감각은 자연에서 유래된 것이 아니라 인위적으로 발생하는 것이며, 비록 이 감각이 필연적이라고 하더라도 교육 및 사람들의 묵계 등에서 발생한다.(p. 482)

제2절 정의와 소유권의 기원

유독 인간에게서 허약함과 필요의 부자연스러운 결부가 온전히 드러나는 것 같다. 인간이 생명을 유지하는 데 필요한 음식을 찾아 다가가면 그 음식은 인간을 피해 달아나 버리며, 인간은 적어도 음식을 생산하는 노동을 해야 한다. 뿐만 아니라 인간은 비바람의 피해로부터 자신을 보호하기 위해 옷가지와 오두막이 있어야 한다. 인간 자체만 두고 보면 인간은 태어날 때 많은 필요에 어느 정도 대응할 수 있는 무기도 없고 힘도 없으며, 그 밖의 어떤 자연적 기량도 없다.

오직 사회를 통해서 인간은 자신의 결함을 보완할 수 있고, 자신의 동포와 대등하게 될 수 있으며, 심지어 자기 동료보다 우월하게 될 수 있다. 사회를 통해 인간의 모든 허약함이 보정된다. 그리고 사회 속에서 인간의 욕망은 매 순간마다 증가되지만 인간의 기량 역시 더욱 증대되어, 모든 측면에서 인간을 야만적이고 고독한 상황에서 이를 수 있는 것보다 더 행복하고 만족스럽게 한다. 모든 개인이 저마다 혼자서 오직 자신을 위해 노동한다면, 중대한 일을 수행하기에는 개인의 힘이 너무 약하다. 개인의 노동이 자신의 여러 가지 필요를 모두 충족시키기 위해 투입되면, 개인은 특정한 기술에서 결코 완전함을 얻지 못한다. 개인의 힘과 성공이 늘 일치하는 것은 아니므로, 특정한 기술 가운데 어느 하나에서의 아주 조그만 실패는 반드시 파멸과 불행을 수반한다. 사회는 이런 세 가지 폐단에 대한 해결 방안을 제공한다. 개인의 힘을 결합하여 우리의 능력이 증대된다. 직업의 분화를 통해 우리의 기량이 향상된다. 그리고 상호 부조를 통해 우리는 운명과 우발적 사고에 거의 노출되지 않는다. 이처럼 추가된 힘과 기량 그리고 안전성을 통해 사회가 유익하게 된다.(pp. 485)

인간 본성의 여건이 아무리 하나의 합일을 필연적이도록 하더라도, 또 성욕과 자연적 애정의 정념이 하나의 합일을 불가피하도록 만드는 것처럼 여겨지더라도, 우리의 자연적 기질과 외부적 여건에는 그 밖의 특수한 것이 있는데, 이것은 아주 옹색하며, 심지어 필수적인 결부와 상반되기도 한다. 우리가 성욕과 자연적 감정의 정념 가운데 자기중심성(selfishness)을 가장 중대한 것으로 평가하는 것은 타당할 것이다.

흔히 말해서 인간의 이런 성질에 대한 묘사는 너무 지나치게 과장되었고, 어떤 철학자들이 바로 이런 점에서 인류를 즐겨 기술한 것은 우리가 전설이나 소설에서 마주치는 괴물에 대한 이야기만큼이나 인간의 본성과 거리가 멀다. 사람은 자신 이외에 어떤 것에 대해서도 결코 애정(affection)을 가질 수 없다고 생각하는 한, 내 의견은 다음과 같다.

즉 자기 이외의 어떤 한 사람을 자신보다 더 사랑하는 사람을 만나기는 어렵다고 하더라도, 그럼에도 불구하고 모든 종류가 합쳐진 애정이 자기중심적 애정 전체보다 커지지 않는 사람을 만나기도 어렵다. 일상 경험을 고려해 보라. 가족 전체의 소비는 일반적으로 가장의 감독 아래 있지만, 자기 개인의 씀씀이와 사교비를 위해 최소한의 재산만 남겨두고 아내의 쾌락과 아이들의 교육을 위해 자기 재산의 대부분을 내놓지 않는 사람도 거의 없다. 이것은 우리가 아마 가족 관계와 같은 애정의 유대를 갖는 것에서 살펴볼 수 있는 것이고, 또 그 밖의 사람이 유사한 상황에 처해 있다면 이 또한 마찬가지라고 추정해도 좋을 것이다.

그러나 우리는 이 관대함을 인간 본성의 자랑거리로 인정하지 않을 수는 없겠지만, 동시에 다음과 같은 점도 알아차릴 수 있을 것이다. 즉 그토록 고귀한 감정은 사람을 거대한 사회에 적응하도록 하는 대신에 가장 속 좁은 자기중심성만큼이나 그 사회와 거의 상반된다. 사람은 저마다 자기 이외의 어떤 한 사람보다 자신을 더 사랑하며, 다른 사람을 사랑할 때에는 자신의 혈족과 친지에 대해 최대의 애정을 품는다. 반면에 이런 사실은 필연적으로 자신의 집단에 속하는 사람과 그 밖의 사람들에 대한 정념들 간의 대립을 산출할 수밖에 없고, 결과적으로 행동들의 대립을 유발할 수밖에 없다. 이런 사실은 새롭게 이른 합일에 위험하지 않을 수 없다.

그렇지만 정념들의 이런 상반성이 발현될 기회를 제공하

는 우리 외부 여건의 특성과 정념들의 상반성이 동시에 나타나지 않는다면, 정념들의 상반성은 작은 위험만을 가져올 것이다. 우리가 가지고 있는 상이한 종류의 세 가지 자산(goods)이 있다. 이런 자산은 곧 우리 정신의 내부적 만족과 우리 신체의 외부적 장점, 그리고 우리가 근면과 행운을 통해 얻은 소유물의 향유 등이다. 정신의 내부적 만족을 향유하는 데 우리는 전적으로 안전하다. 우리는 신체의 외부적 장점을 빼앗길 수도 있겠지만, 우리에게서 그 장점을 빼앗은 사람에게는 어떤 장점도 없을 수 있다. 근면과 행운을 통해 얻은 소유물의 향유만이 다른 사람에게 침탈당할 수 있고, 고스란히 양도될 수도 있을 것이다. 그렇지만 동시에 모든 사람의 욕구와 필요를 충족할 만큼 소유물의 양이 넉넉한 것도 아니다. 이와 같이 자산의 증식이 사회의 주요 장점인 것처럼, 자산 소유의 불안정성은 자산의 희소성과 함께 자산 증식의 으뜸가는 걸림돌이다.(pp. 486-488)

그렇다면 그 해결 방안은 자연에서 유래되는 것이 아니라 책략에서 유래된다. 또는 좀더 정확히 말해서 자연은 그 애정들에 담긴 불규칙적이고 옹색한 것에 대한 해결 방안을 판단력과 오성에 부여했다. 인간이 사회의 유년기 교육을 통해 사회에서 발생되는 무한한 장점을 깨닫고, 교제와 대화에 대한 새로운 애정을 갖게 되면, 그리고 주요 사회 병폐가 이른바 외부적 자산에서 발생하고 외부적 자산의 유동성 및 사람끼리 외부적 자산을 쉽게 이전하는 데서 발생한다는 것을 주목한 다면, 인간은 반드시 이런 사회 병폐에 대한 해결 방안을 추구하게 된다. 이 해결 방안은 될 수 있는 대로 외부적 자산을 정신과 신체의 확고하고 안정된 장점과 대등하게 보는 것이다.

사회의 각 구성원이 모두 참여하는 묵계를 통해 외부적 자산의 소유에 안정성을 부여하고, 모든 구성원이 자신의 행운이나 근면을 통해 획득할 수 있을 법한 것을 평화적으로 향유하도록 하는 것, 이것은 인간이 사회 병폐에 대한 해결 방안을 마련할 수 있는 유일한 방식이다. 이런 방식으로 모든 사회 구성원은 각자 자신이 안전하게 소유할 수 있음을 알고, 이 정념들도 편파적이고 모순된 운동들 안에서 억제된다. 이와 같은 억제는 이런 정념들의 본성과 결코 상충되지 않는다. 만약 상충된다면 이와 같은 억제는 결코 그 정념들의 운동에 개입될 수 없고, 유지될 수도 없기 때문이다.

다만 이와 같은 억제는 이런 정념들의 경솔하고 충동적인 운동과 상반된다. 우리가 낯선 사람들의 소유물을 거들떠보지 않을 때 우리 자신의 이익이나 가장 친한 친구의 이익도 손해 보지 않는다는 묵계를 통해서, 우리는 우리 자신의 이익이나 가장 친한 친구의 이익은 물론 낯선 사람의 이익도 모두 가장 잘 지킬 수 있다. 바로 이 묵계라는 수단을 통해서 우리는 우리 자신의 안녕과 생존뿐만 아니라 다른 사람의 안녕과 생존에 필요한 사회를 지탱할 수 있기 때문이다.

이런 묵계는 약속의 성격이 없다. 우리가 다음에 살펴보겠지만, 약속도 인간의 묵계에서 발생하기 때문이다. 묵계는 공동 이익이라는 일반적 감각(general sense)일 뿐이다. 사회 구성원은 모두 공동 이익이라는 일반적 감각을 서로 표명하고, 이 일반적 감각을 통해 사회 구성원들은 일정한 규칙에 따라 행동하게 된다. 내가 주목하는 점은 만일 어떤 사람이 나와 동일한 방식으로 행동한다면 그가 자신의 자산을 소유하도록 허용하는 것이 나의 이익일 것이라는 점이다. 그는 자신의 이와 같은 행동 양식에서 나와 똑같은 이익을 느낄 수 있다. 이익에 대한 이 공통 감각이 서로 간에 표명되어 나와 그에게 함께 알려지면, 이익에 대한 공통 감각은 알맞은 결심과 행동을 유발할 것이다. 그리고 비록 이익에 대한 공통 감각이 약속이라는 과정을 거치지 않더라도, 이 감각을 우리 사이의 묵계 또는 호응이라고 일컬어도 전혀 무방할 것이다. 우리 각자의 행동은 다른 사람의 행동과 관계있고, 또 어떤 것은 다른 사람의 입장에서 수행된 것이라는 가정에 따라 우리 행동이 수행되기 때문이다.

조각배의 노를 함께 젓는 두 사람은 서로 아무 약속도 하지 않았지만 상호간의 호응이나 묵계에 따라 노를 젓는다.

소유의 안정성에 관한 규칙도 인간의 묵계에서 유래되기는 마찬가지인데, 소유의 안정성에 관한 규칙은 점진적으로 발생했으며 점진적인 진보를 통해 힘을 얻었고, 또 소유의 안정성을 저해했을 때의 폐단을 거듭 경험함으로써 힘을 얻는다.

반면에 이런 경험을 통해 우리가 더욱 확신할 수 있는 것은 이런 이익의 감각이 모든 인간에게 공통적이며, 인간 행동 방식의 미래의 규칙성에 대한 신뢰도 부여한다는 점이다. 우리의 온건함과 금욕의 유일한 기초는 바로 이것에 대한 기대이다. 언어도 이와 같이 약속이 전혀 없더라도 인간의 묵계를 통해 점차적으로 확정된다. 금과 은 따위가 이와 같은 방식으로 교환의 공통 척도로 되며, 제값보다 수백 배의 가치를 지닌 것에 대해 충분한 보상 가치로 평가된다.(pp. 489-490)

제3절 소유권을 결정하는 규칙에 관하여

그러나 우리가 관찰할 수 있듯이, 소유권을 현재의 소유자에게 배당한다는 규칙이 자연스럽고 또 그렇게 함으로써 유용하더라도, 그 규칙의 유용성은 사회의 최초 형성 단계를 넘어서지 않는다. 뿐만 아니라 그 규칙을 불변적으로 준수하는 것보다 위태로운 것도 없을 것이다. 그 규칙을 불변적으로 준수하면 그 소유권을 원래의 소유권자에게 상환하는 것도 배제되고 모든 불의가 공인되고 보답 받게 될 것이다.

그러므로 우리는 사회가 일단 확립된 다음에 소유권을 유발할 수 있을 법한 다른 여건을 탐색해야 한다. 나는 이런 종류의 여건 중 아주 중요한 네 가지, 즉 점유 취득(Occupation), 시효(Prescription), 증식(Accession) 그리고 상속(Succession) 따위를 발견했다. 우리는 이 여건들을 점유 취득부터 하나씩 간단히 검토할 것이다.(p. 505)

제4절 동의에 따른 소유권 양도에 관하여

소유의 안정성은 인간 사회에 아무리 유용하고 필수적이라고 하더라도, 아주 큰 폐단이 따른다. 인류의 소유물을 분배할 때, 그 소유물이 어떤 사람에게 적합하거나 알맞다는 등의 관계는 결코 고려되지 않아야 하지만, 우리는 더욱 일반적으로 적용되면서도 의심과 회의의 여지가 적은 규칙에 따라 처신해야 한다.

사회가 최초로 수립되었을 때 현재의 소유가 바로 이런 종류의 규칙이며, 그 후에는 점유 취득, 시효, 증식 그리고 상속 따위가 이런 종류의 규칙이다. 이런 규칙들은 아주 우연적이므로 인간의 필요와 욕구에 상반되는 경우가 허다하며, 사람과 소유물이 아주 어울리지 않는 경우도 흔하다. 이것은 큰 폐단이며, 해결 방안이 필요하다. 어떤 해결 방안을 직접 적용하고 모든 사람이 저마다 자신에게 적합하다고 판단하는 것을 폭력을 통해 장악하도록 허용하면, 이것은 사회를 파괴할 것이다.

따라서 정의의 규칙은 경직된 안정성과 가변적이고 불확실한 조정 사이의 어떤 중도 원리를 추구한다. 그렇지만 소유권자가 다른 사람에게 소유물과 소유권을 양도하는 데 동의하는 경우를 제외하면, 소유물과 소유권은 언제나 안정적이어야 한다는 것이 가장 명백한 중도 원리이다. 이 규칙은 전쟁과 알력을 유발하는 나쁜 결과를 결코 초래하지 않는다. 이 양도는 당사자인 소유권자의 동의와 함께 이루어지기 때문이다.

그리고 사람들에게 소유권을 조정함에 있어서 이 규칙은 여러 가지 좋은 목적에 기여할 수도 있다. 대지의 서로 다른 지역들은 서로 다른 물자를 산출한다. 그뿐만 아니라 사람들은 각자 태어날 때부터 각 직업에 맞는 능력을 타고 나고, 특정 직업에만 몰두하면 그 직업에서 더욱 완전하게 된다. 이것은 모두 상호 교환과 거래를 요구한다. 따라서 동의 없는 소유권의 안정성과 동의에 의한 소유권 변경은 모두 자연법에 기초를 두고 있다.(p. 514)

제5절 약속의 책임에 관하여

약속에 속하는 어떤 정신 작용이 있다고 하더라도, 약속은 어떤 책임도 자연적으로 산출할 수 없다. 이것은 앞의 추론에서 명백하게 드러난다. 약속은 새로운 책임을 산출한다. 새로운 책임은 새로운 소감이 발생하는 것을 상정한다. 의지는 새로운 소감을 창출할 수 없다. 따라서 설령 정신이 그 책임을 의욕하는 불합리에 빠질 수 있다고 상정하더라도, 어떤 책임도 약속에서 결코 자연적으로 발생할 수 없다.(p. 518)

인간 본성이 아무리 야만적이고 미개하다고 하더라도, 제도와 약속 준수 등에서 얻는 이익을 인류가 깨닫도록 하는 데 필수적인 지식은 결코 인간 본성의 역량보다 우월하게 평가될 수 없다. 우리는 세계를 아주 조금만 경험하더라도 제도와 약속 준수 등의 중요성과 장점을 지각할 수 있다. 사회에 대한 가장 짧은 경험도 모든 유한한 인간에게 이 중요성과 장점을 일깨워 줄 것이다. 그리고 각 개인이 자신의 동료에게서 각자의 이익에 대한 동일한 감각을 지각할 때, 개인은 계약에서 자기 동료들도 자신들의 역할을 모자람 없이 수행할 것이라는 점을 확신하게 됨으로써 자신의 역할을 즉각 수행한다. 그 동료들은 모두 힘을 합쳐 공동의 이익에 적합한 행동 체계에 참가하고, 자신의 말에 충실할 것에 호응한다.

이와 같이 힘을 합하고 묵계를 구성하는 데 필요한 것은 오직 각자가 책무를 충실히 이행하는 데에서 이익에 대한 감각을 느끼며, 이 감각을 그 사회의 다른 구성원들에게 표현하는 것 등이다. 이런 사실은 이익이 그 성원들에게 영향을 주

게 되는 직접적 원인이다. 그리고 이익은 약속 수행에 대한 책임의 제1근거이다.(pp. 522-523)

제6절 정의와 불의에 대한 몇 가지 추고

정의는 자연적 덕이고 불의는 자연적 부덕이라고 주장하려 드는 사람이 있다면, 그 사람은 소유권과 옳음 그리고 책임의 개념으로부터 추상된 어떤 행동 양식과 일련의 행동이 대상들에 대한 외부적 관계 안에서 자연적으로 도덕적 아름다움과 흉을 가지며, 또 근원적 쾌락과 거북함의 원인이라고 주장해야 한다.

따라서 어떤 사람의 재화를 그 사람에게 되돌려 주는 것은 유덕한 것으로 간주되지만, 그것은 자연이 다른 사람의 소유권과 관련된 행동 양식에 쾌락이라는 소감을 동반시켰기 때문이 아니다. 오히려 그것은 다른 사람이 최초로 소유했거나 오래도록 소유한 외부 대상, 또는 최초로 소유했거나 오래도록 소유한 사람의 동의를 통해 다른 사람이 취득한 외부 대상과 관련된 행동 양식에 자연이 쾌락이라는 소감을 동반시켰기 때문이다. 자연이 우리에게 그와 같은 소감을 부여하지 않았다면, 소유권은 자연적으로 존재하지 않으며, 인간의 묵계에 앞서지도 않는다.

이제 이 주제에 대한 무미건조하고 날카로운 고찰을 통해 그와 같은 행동 양식에 자연이 쾌락 또는 찬동의 소감을 동반하지 않았다는 것이 명백해졌다고 하더라도, 나는 될 수 있는 대로 의심의 여지를 남기고 싶지 않아서 나의 의견을 확인하기 위한 몇 가지 논변을 추가할 것이다.

첫째, 자연이 우리에게 이런 쾌락을 주었다면, 이 쾌락은 그 밖의 모든 경우에도 명백하며 식별될 수 있을 것이다. 또 그 같은 상황에서 그 같은 행동을 생각하는 것이 일종의 쾌락과 찬동의 소감을 제공한다는 것을 우리는 전혀 어려움 없이 지각할 수 있을 것이다. 우리는 정의의 개념을 정의하면서 소유권의 개념에 호소해서는 안 되며, 동시에 소유권에 대해 정의하면서 정의의 개념을 사용해서도 안 된다. 이 추론의 기만적 방법은 이 주제에 몇 가지 모호함과 난점에서 담겨 있다는 데 대한 명백한 증거인데, 우리는 이 모호함과 난점에서 헤어날 수 없고, 그와 같은 순환 논증의 책략을 통해 그를 모면하려 한다.

둘째, 소유권과 옳음 및 책임을 결정하는 이 규칙들은 그 기원이 자연적이라는 특징은 전혀 없지만 책략과 제도적 장치라는 특징은 많다. 이 규칙들은 자연에서 유래되었다고 하기에는 너무 많고, 인간의 법률에 의해 변화될 수도 있다. 그리고 이 규칙들은 모두 공공복리와 사회 유지 등을 향한 직접적이고도 명백한 경향을 갖는다. 공공복리와 사회 유지라는 이 여건은 두 가지 측면에서 주목할 만하다.

첫째, 공공복리가 이 법률들의 자연적 경향인 것처럼 이 법률들을 정립하는 원인도 공공복리에 대한 고려였다고 하더라도, 이 법률들은 의도적으로 어떤 목적을 위해 입안되고 그 목적을 향하기 때문에 인위적일 것이다.

둘째, 인간이 본래부터 공공복리를 고려한다면, 인간은 결코 이 규칙을 통해 자제하지 않을 것이다. 따라서 정의의 법칙은 더욱 우회적이고 인위적인 방식으로 자연의 원리에서 발생한다. 자기애는 이 법칙들의 실질적 기원이다. 그리고 한 사람의 자기애는 다른 사람의 자기애와 자연히 상반되므로, 타산적인 여러 정념들은 행동 양식과 생활 태도에 관한 어떤 체계에서 협력하는 방식에 따라 반드시 조정되어야 한다. 따라서 각 개인의 이익을 포괄하는 이 체계가 공공복리에 유리한 것은 당연하다. 비록 발명자가 이 체계를 공공복리라는 목적으로 의도한 것이 아니라고 하더라도 말이다.(pp. 527-529)

제7절 정부의 기원에 관하여

우리 본성에 본질적인 것을 변화시키고 바로잡기는 불가능하다. 따라서 우리가 기껏 할 수 있는 것은 우리 주변의 여건과 상황을 변화시키고, 정의의 법칙을 준수하는 것이 우리와 가장 가까운 이익이 되도록 하며, 정의의 법칙을 위배하는 것이 우리와 가장 거리가 먼 이익이 되도록 하는 것 등이다.

그러나 이를 모든 인간사에서 실현하는 것도 불가능하므로, 정의의 실천에서 직접 이익을 얻는 소수의 인간에게만 있을 수 있는 일이다. 이 소수의 사람들은 이른바 행정관(civil magistrates)들 및 왕과 그의 각료, 통치자나 지배자 등인데, 이 사람들은 대부분의 국사에 대해 중립적이므로 불의의 행동에서 전혀 이익을 얻지 못하든가 이익과 거리가 멀다. 그리고 이런 사람들은 사회에서 현재 자신들의 조건과 직분에 만족하므로 사회를 유지하는 데 필수적인 정의가 실행될 때마다 이익을 얻는다.

그렇다면 시민 정부와 이 정부의 통치에 대한 충성 등의 기원은 여기에 있다. 인간은 발등의 불이나 끄는 영혼의 옹색함을 자신에게서나 다른 사람에게서 근본적으로 치료할 수 없다. 인간은 자신의 본성을 변화시킬 수 없다. 인간이 기껏 할 수 있는 것이라고는 자신들의 상황을 변화시켜 정의의 규칙을 준수하는 것이 당사자들의 직접적 이익이 되도록 하고, 정의의 규칙을 위반하는 것이 위반자들의 이익과 거리가 멀도록 하는 것이다.

그러면 이 사람들은 자신들의 행동 방식에서 이 규칙을 지키고자 하는 마음이 생길 뿐만 아니라, 다른 사람들도 이와 같은 규칙을 따르도록 하며 사회 전반에 공정한 명령을 집행할 마음이 생긴다. 그리고 필요하다면, 그들은 정의를 실행하는 데에 다른 사람들이 더욱더 직접적으로 관여하도록 할 수도 있으며, 자신들이 통치하는 것을 돕는 수많은 문무 공무원을 임용할 수도 있다.(p. 537)

제8절 충성의 기원에 관하여

내 생각은 인간이 궁극적으로 무정부 사회를 만들 역량이 없다고 주장하는 철학자들과 거리가 멀다. 나의 주장은 동일한 사회의 사람들 간의 투쟁이 아니라 서로 다른 사회의 사람들 간의 투쟁에서 정부의 최초 흔적이 발생한다는 것이다. 부의 수준이 낮은 경우는 동일한 사회의 사람들 간의 투쟁이 되기에 필수적이기보다는 서로 다른 사회의 사람들 간의 투쟁이 되기에 충분하다.

인간은 공식적인 전쟁과 폭력에서 그들이 직면한 저항 이외에는 아무 것도 두려울 게 없는데, 이마저도 이 저항을 공유하기 때문에 덜 두려워하는 것 같다. 또 그런 저항은 낯선 사람에게서 유래하는 것이기 때문에, 평화적으로 교류하는 것이 자신에게 이득이 되는 사람에게 각자 적대적으로 노출되고, 자신의 사회가 없어 생존할 수 없는 상황보다 공식적인 전쟁과 폭력의 결과를 덜 파괴적인 것으로 여긴다.

그런데 외국과의 전쟁은 무정부 사회에 필연적으로 내전을 일으킨다. 사람들에게 적지 않은 재화를 던져 주었을 때 사람들은 곧 투쟁을 시작한다. 게다가 각자는 자신에게 만족스러운 것을 얻기 위해 애쓰지만 그 결과를 전혀 고려하지 않는다. 외국과의 전쟁에서는 재산, 생명, 신체가 모두 아주 위태롭기 때문에 사람들은 저마다 위태로운 자리를 피하며 가장 좋은 무기를 움켜쥐고 타격을 가장 적게 입기 위한 빌미를 찾는다. 따라서 사람들이 냉정하기만 하면 충분히 지킬 수 있는 사회 규칙도 사람들이 동요하게 되면 더 이상 효력을 가질 수 없다.

우리는 아메리카 부족들에게서 이런 사실을 확인할 수 있다. 족장이 권위의 배경을 향유하는 전시를 제외하면 사람들은 확립된 정부 없이도 화기애애하게 살아가지만 자기 동료들 중 누구에게도 순종하지 않는다. 사람들이 전장에서 복귀하고 이웃 부족과의 평화가 정착된 다음에는 족장도 그 권위의 배경을 상실한다. 그렇지만 전리품이나 거래 또는 우연적인 발명 때문에 사람들이 평화와 정의를 유지하면서 얻는 이익을 매번 망각하도록 만들 정도로 그들의 부와 소유물이 많아지면, 이 권위는 그 사람들에게 정부의 장점을 일깨워 주고 정부에 의존해야 하는 것을 가르쳐 준다.

따라서 우리는 무엇보다도 정부가 처음에는 군주제로서 어떤 정치 제도의 혼합이나 변형된 정치 제도가 없는 데 대해서, 그리고 공화제는 오직 군주제의 오용과 전제적 권력 등에서 발생하는 데 대해서 그럴듯한 이유를 제시할 수 있을 것이다. 촌락 공동체가 도시 국가의 참된 모태이다. 그리고 모든 긴급 사태의 돌발성 때문에 일인의 권위 없이는 전쟁을 치를 수 없으므로, 이와 같은 종류의 권위는 군대를 계승하는 시민 정부에서 자연히 발생한다.

그리고 한 가족에게서 발생하여 가족 구성원들이 단 한 사람의 통치에 익숙해진 것이라고 하는 가부장의 권위나 족장 정부 등으로부터 군주제를 일상적으로 추리하는 것보다는 전쟁과 같은 긴급 사태의 돌발성에서 군주제의 발생을 추리하는 것이 더 자연스럽다고 생각한다. 무정부 사회 상태는 인간의 가장 자연적인 상태 가운데 하나이며, 많은 가족들이 결부되어 처음 발생한 이후로 오래도록 존속되었을 것이다. 오직 부와 소유물의 증가로 인간은 무정부 사회 상태를 단념할 수밖에 없었을 것이다. 그리고 모든 사회는 처음 형성될 때 야만적이고 미개하므로, 평화와 화합을 향유하는 사람들을 혼란에 빠뜨릴 정도로 부와 소유물이 증가하려면 숱한 시간이 지나야 한다.(pp. 539-541)

제9절 충성의 척도에 관하여

정부에 대한 충성의 기원을 약속이나 근원적 계약에 호소했던 정치학자들은 전적으로 옳고 합리적인 원리를 확정할 의도를 가졌다. 그렇지만 이 정치학자들이 그 원리를 확정하기 위해 진력했던 추론은 현혹적이고 궤변적이다. 그들이 증명하고자 한 바는 정부에 대한 복종에도 예외가 있다는 점과, 통치자가 혹독한 폭정을 행할 때 신민들은 충성의 모든 굴레를 벗어날 것이라는 점 등이다.

그 정치학자들의 말에 따르면, 사람은 자신의 자유롭고 자발적인 동의에 따라 사회의 구성원이 되며 정부에 복종하기 때문에 반드시 가시적인 이득을 거두어야 하는데, 사람은 사회에서 이 이득을 거두려고 하며 이 이득 때문에 자신의 천부적 자유를 느긋하게 양도한다. 그러므로 행정관이 사람에게 약속한 반대급부, 즉 보호와 안전 등이 있다. 행정관은 자신이 사람들에게 제공한 이런 이득에 대한 희망을 통해서 사람들이 자신에게 복종할 것을 언제나 설득할 수 있다.

그러나 사람들은 보호와 안전 대신 폭정과 억압에 직면하면, 모든 조건부 계약(conditional contracts)에서 발생하는 것처럼 자신들의 약속을 파기하고 정부제도 이전의 자유 상태로 복귀한다. 결코 사람이 자기 자신의 처지에 대한 개선을 전혀 고려하지 않고, 오직 다른 사람에게만 이득이 되는 약속에 참여할 정도로 어리석지는 않을 것이다. 우리의 복종에서 어떤 소득을 꾀할 의도가 있는 사람은 누구든지 명시적으로든 묵시적으로든 자신의 권위에서 우리가 이득을 얻도록 하겠다고 약속해야 한다. 그런 사람은 자신의 역할을 수행하지

않으면서 우리가 늘 그에게 복종하리라고 기대해서는 안 된
다.(pp. 549-550)

제10절 충성의 대상에 관하여

경우에 따라 지고의 권력에 저항하는 것이 건전한 정치학
과 윤리학 모두에서 정당화될 수 있다고 하더라도, 일상적 인
간사에서 이보다 파괴적이고 범죄적인 것도 없다는 것은 확실
하다. 그리고 혁명에 따르는 격동은 차치하더라도, 그와 같은
행동은 정부를 직접적으로 전복시키고 인류에 보편적 무질서
(anarchy)와 혼동을 초래하는 경향이 있다는 것도 확실하다.

수많은 문명사회는 정부 없이 존속할 수 없고, 따라서 철
저한 복종이 없다면 정부도 전혀 쓸모없다. 언제나 우리는 권
위에서 거두는 이득을 손실과 비교해서 검토해야 한다. 그렇
게 함으로써 우리는 저항 이론을 실천에 옮길 때 더욱 신중하
게 될 것이다. 공동의 규칙은 복종을 요구하며, 그리고 오직
혹독한 전제 정치와 압제의 경우에만 예외가 있을 수 있다.

맹목적인 복종은 대체로 행정 관료(magistracy)에게서 기
인하므로, 이제 다음 물음을 살펴보아야 한다. 맹목적인 복
종이 누구에게서 기인하며, 우리는 누구를 우리의 적법한 행
정관으로 볼 것인가? 이 물음에 답하기 위해 우리가 지금까
지 정부와 정치 사회의 기원에 관해 확정한 것을 되돌아보

자. 만인이 각자 자신의 당면한 이익이나 쾌락에 따라 제멋대로 하며 사회의 법률을 침해하거나 준수하는 경우에, 인간은 사회의 안정된 질서 유지가 불가능하다는 것을 일단 경험하면, 자연적으로 정부를 발명하게 되고, 자신들의 능력이 닿는 한 사회의 법률을 지키기 위해 노력한다.

따라서 정부는 인간의 자발적 묵계에서 발생한다. 그리고 정부를 수립하는 이 묵계가 통치하게 될 인물들까지 결정할 것이고, 바로 이런 점에서 의심과 애매성을 모두 제거할 것이라는 점은 분명하다. 그리고 인간의 자발적인 동의는 그 밖의 모든 계약과 약속에서보다 더욱 큰 효력을 갖는다. 이는 행정관의 권위가 처음에 신민들의 약속을 토대로 존립하지만 신민들은 이 약속 때문에 스스로 복종의 의무를 지기 때문이다. 그런데 신민들에게 복종의 의무를 부과하는 바로 이 약속 때문에 신민들은 특정 인물에게 속박되고, 그 인물을 자신들이 충성할 대상으로 삼는다.(p. 554)

제11절 국제법에 관하여

인류 대부분이 시민 정부를 수립하고 또 각양각색의 사회들이 서로 인접해서 형성된 경우에, 이웃한 국가들 사이에는 국가 상호 간의 지속적 교류에 적합한 일단의 새로운 의무가 발생한다. 정치학자들의 말에 따르면, 국가 간의 모든 교류

에서 정치체(body politic)도 하나의 인격으로 간주되며, 상이
한 국가가 사적 인격과 마찬가지로 서로 도울 필요가 있는
한, 동시에 국가들의 자기중심성과 야망이 전쟁과 불화의 영
원한 원천인 한, 실제로 이 주장은 정당하다.

그러나 바로 이 점에서 국가가 개인과 닮았다고 하더라도
다른 측면에서는 전혀 다르므로, 국가들이 서로 다른 공리에
따라 조절되고, 이른바 국제법이라는 새로운 규칙을 유발하
는 것은 당연하다. 대사라는 인물의 면책권, 전쟁 선포, 독을
첨가한 무기 사용 금지와, 그리고 상이한 사회들 특유의 교류
에 분명히 적합한 종류의 의무 등이 이 규칙들에 속한다고 할
수 있을 것이다.

그런데 이 규칙들은 자연법에 부가되더라도 자연법을 완
전히 파괴하지 않는다. 그리고 소유의 안정성, 동의에 의한
소유의 양도, 그리고 약속 수행 등 정의의 세 가지 기초 규칙
을 신민들뿐만 아니라 제후들의 의무라고 해도 틀리지는 않
을 것이다. 동일한 이익이 신민과 제후 모두에게 동일한 결과
를 초래한다. 소유가 안정되지 못한 경우에는 끊임없는 전쟁
이 있을 것은 틀림없다. 소유권이 동의에 의해 양도되지 않는
경우에는 전혀 교류가 있을 수 없다. 약속이 준수되지 않는
경우에는 동맹이나 제휴가 결코 있을 수 없다. 평화와 교류
및 상호 구원 등의 장점 때문에 우리는 개인들 사이에 발생한

것과 동일한 정의의 개념을 각양각색의 왕국까지 확장한다.

　기꺼이 인정할 정치인은 드물겠지만 모든 시대의 관습을 통해 권위를 인정 받은 다음 공리는 세계적으로 주류를 이룬다. 즉 제후들에게 적합한 도덕 체계가 있으며, 이 체계는 사적 인격을 다스려야 하는 도덕 체계보다 훨씬 자유롭다. 명백하다시피 우리는 이 체계를 공공의 의무와 책임보다 범위가 좁은 것으로 이해하지 않는다. 가장 신성한 조약은 제후들 사이에서 힘을 전혀 갖지 않는 것이라고 주장하는 사람보다 별난 사람도 없을 것이다. 실제로 제후들은 그 자신들 사이에서 조약을 체결하므로 그 조약을 실행함으로써 어떤 이득을 도모하기 때문이다. 그리고 그들은 그와 같은 미래의 이득을 예상함으로써 조약상의 자기 역할을 수행하게 되고, 그와 같은 예상을 통해 반드시 자연법이 확립된다.

　그러므로 이 정치적 공리의 의미는 제후들의 도덕성은 사적 인격의 도덕성과 동일한 범위를 갖는다고 하더라도 동일한 힘을 갖는 것이 아니며, 사적 인격의 경우보다 더 사소한 동기 때문에 합법적으로 침해될 수도 있다는 것이다. 이런 주장이 일부 철학자에게는 아무리 충격적으로 여겨질 수 있다고 하더라도 정의와 공정(equity)의 기원에 대해 우리가 지금까지 해명한 원리에 입각하여 이 주장을 옹호하는 것은 쉬울 것이다.(pp. 567-568)

제12절 순결과 정숙에 관하여

남성과 여성이 자연적으로 자신의 자식에 대해 쏟는 관심과 아울러 유년기의 유약함을 생각하는 사람은 누구나 쉽게 지각하듯이, 청소년 교육을 위해서는 반드시 남성과 여성의 협력이 있어야 하고, 이 협력은 상당 기간 지속되어야 한다. 그러나 인간이 이처럼 자제하여 교육으로 인한 모든 노고와 희생을 기꺼이 받아들이면, 인간은 그 아이들이 자신의 아이들이라는 것과, 사랑과 친절을 베풀 때에는 자신들의 자연적 직감이 향하는 대상이 틀리지 않았다는 것, 즉 다름 아닌 자기 아이라는 것 등을 믿어야 한다.

그런데 우리가 인간 신체의 구조를 살펴보면 알게 되듯이, 남성 쪽에서 자신의 아이라는 사실을 보장 받기는 매우 어렵다. 또 성교할 때 생식의 원리는 남성에게서 여성으로 옮겨 가기 때문에, 여성 쪽에서는 남의 아이를 자신의 아이로 착각하는 것이 있을 리 만무하더라도, 남성 쪽에는 그런 실수가 쉽게 발생할 수 있을 것이다. 이러한 해부학적인 관찰을 통해 남성과 여성의 교육과 의무 사이의 큰 차이를 도출할 수 있다.

만일 철학자가 이 문제를 선험적으로 검토한다면, 그는 다음과 같은 방식으로 추리할 것이다. 남자들은 아이들이 실제로 자신의 아이들이라는 사실을 확신함으로써 그 아이들을 부양하고 교육하기 위해 노동할 마음이 생긴다. 그러므로 남자들에게 이런 점을 보장하는 것이 합리적이고 또 필수적이기도 하다. 아내가 부부 간의 정조를 지키지 못했다는 것을 엄중히 처벌한다고 해서 남성에게 자신의 아이라는 보장이 완전히 주어지는 것은 아니다. 이런 사안에서는 법률적 증거를 찾기가 어려운데, 법률적 증거도 없이 공적인 처벌을 가할 수 없기 때문이다.

그렇다면 부정(不貞)에 대한 여성들의 아주 강한 유혹을 상쇄하려면 우리는 여성들에게 어떤 제약을 가해야 할까? 나쁜 소문이나 평판으로 처벌하는 것 이외에 어떤 제약도 있을 수 없는 것 같다. 이런 처벌은 인간의 정신에 강한 영향력을 끼치며, 동시에 사법부의 법정에서는 결코 채택되지 않을 증거와 의혹 및 추측에 입각하여 세상이 부과하는 처벌이다. 그러므로 여성에게 합당한 제약을 부과하기 위해, 우리는 여성의 부정에 대해서는 여성의 부정이 단지 불의라는 것 이상의 일정한 치욕을 안겨 주어야 하고, 여성들의 순결에 대해 합당하게 찬양해야 한다.

그런데 이것이 정조에 대한 아주 강한 동기일 수 있다고 하더라도, 우리 철학자는 이것만으로는 여성들이 정조를 유지하도록 하는 데에 충분하지 못할 것이라는 점을 곧 발견할 것이다. 모든 인간 존재는, 특히 여성은, 눈앞의 유혹 때문에 멀리 있는 동기를 간과하기 쉽다. 이 유혹은 생각할 수 있는 한 가장 강력한 유혹이다. 이 유혹은 부지불식간에 다가와서 여성을 매혹시킨다. 그리고 여성은 자기 쾌락의 파멸적인 귀결을 방지하고 자신에 대한 평판을 보장하는 수단을 쉽게 찾거나 찾을 것이라고 자부한다.

그러므로 그와 같은 방종에 수반되는 불명예는 제쳐두고, 미리 그와 같은 쾌락의 파멸적 귀결을 삼가거나 두려워하는 것이 반드시 있어야 한다. 미리 그와 같은 귀결을 삼가거나 두려워함으로써 파멸적인 귀결이 다가오는 것을 처음부터 막을 수도 있고, 여성이 그 유혹을 향유하는 것과 직접 관계가 있는 말투와 몸가짐 그리고 자유 등에 대한 강한 반감을 심어줄 수도 있기 때문이다.(pp. 570-572)

순결과 아울러 남성이 떠맡은 책임에 대해 우리는 다음과 같은 점을 주목할 수 있을 것이다. 즉 세상의 일반적 견해에 따르면, 국제법상의 책임이 자연법상의 책임과 거의 비례하는 것처럼, 남성의 책임도 여성의 순결과 거의 비례한다. 남성이 성적 쾌락에서 자신들의 욕망을 완전히 자유롭게 충족시키겠다는 것은 시민 사회의 이익과 상반된다. 그런데 이 이익은 여성의 경우보다 약하므로, 이 이익에서 발생하는 도덕적 책임도 비례적으로 약할 수밖에 없다. 그리고 이런 사실을 증명하기 위해 우리는 모든 국가와 시대의 관행과 소감에 호소하는 것으로 충분하다.(p. 144)

제3부
그 밖의 덕과 부덕에 관하여

제1절 자연적 덕과 부덕의 기원에 관하여

인간 정신의 주요 원천 또는 기동 원리는 쾌락과 고통이다. 그리고 쾌락과 고통의 감각이 우리의 사유와 느낌에서 사라지면 우리는 대개 정념을 느낄 수 없거나 행동할 수 없고, 욕구하거나 의욕할 수도 없다. 쾌락과 고통의 가장 직접적인 결과는 정신 운동을 촉진하거나 억제하는 것이다. 쾌락과 고통이 정신의 상황을 변화시켜 쾌락과 고통이 있을 수 있거나 없을 것처럼 됨에 따라, 그리고 쾌락과 고통이 확실하거나 불확실하게 됨에 따라, 또는 당장은 우리의 역량을 벗어난 것으로 간주됨에 따라, 정신 작용은 의욕, 욕구와 혐오, 비탄과 기쁨, 희망과 두려움 등으로 다양화된다.

그러나 이와 함께 쾌락과 고통의 원인이 되는 대상은 우리 자신이나 다른 사람에 대해 관계를 획득하더라도, 여전히 그 대상은 계속해서 욕구와 혐오, 기쁨과 비탄을 고조시키지만, 동시에 이 대상은 긍지나 소심 또는 사랑이나 증오 등 간접적 정념의 원인이기도 한데, 이 경우에 간접적 정념들은 고통이나 쾌락에 대해 인상과 관념의 이중 관계를 갖는다.

우리가 이미 살펴보았듯이, 도덕적 구별은 고통이나 쾌락이라는 특정 소감에 전적으로 의존하며, 조망이나 반성을 통해 우리에게 만족을 주는 우리 자신의 정신적 성질이나 그 밖의 것은 무엇이든 유덕하다는 점은 말할 것도 없다. 본성이 우리에게 거북함을 주는 것은 모두 부덕하다. 그런데 쾌락을 주는 우리 자신이나 그 밖의 것의 모든 성질은 저마다 항상 긍지나 사랑의 원인이지만, 거북함을 산출하는 모든 성질은 저마다 소심이나 증오를 유발한다.

따라서 이 두 특성은 우리의 정신적 성질의 측면에서 각각 덕과 부덕에 상응하는 것으로 간주되는데, 덕은 사랑이나 긍지를 산출하는 능력이고 부덕은 소심이나 증오를 산출하는 능력이다. 따라서 우리는 어느 경우든 이 능력을 통해 그 성질을 판단하는 것이 틀림없다. 그리고 사랑이나 긍지의 원인인 정신의 성질을 유덕하다고 단언할 수 있을 것이며, 증오와 소심의 원인인 정신의 성질을 부덕하다고 단언할 수 있을 것이다.

어떤 행동이 유덕하거나 부덕하다면, 그 행동은 단지 어떤 성질이나 성격의 징표로서만 그렇다. 그 행동이 선하거나 악하다는 것은 정신의 지속적 원리에 의존할 수밖에 없는데, 이 지속적 원리는 전체적인 행동 방식으로 확장되며, 개인적 성격에 스며든다. 행동 자체는 항상적 원리에서 유래되지 않기 때문에 사랑이나 증오 또는 긍지나 소심에는 전혀 영향을 끼치지 않으므로, 결국 도덕성에서는 결코 고려될 수 없다.

이런 견해는 자명하며, 이 주제에서 아주 중요한 만큼, 당연히 고려될 만하다. 우리가 도덕의 기원에 관해 탐구할 때, 행동만 따로 고려하는 것은 결코 아니며, 그 행동이 유래된 성질이나 성격을 함께 고려한다. 그리고 오직 성질이나 성격이 그 인물에 대한 우리의 소감에 영향을 끼치기에 충분할 정도로 지속적이다. 실제로 행동은 성격을 말보다, 또는 심지어 기원(祈願)이나 소감보다 더 잘 표시한다. 그렇지만 행동이 그와 같은 표시인 한에 있어서만, 행동은 사랑이나 증오 또는 칭찬이나 비난을 수반한다.

정신의 성질에서 발생하는 도덕의 참된 기원과 사랑이나 증오의 참된 기원을 발견하기 위해, 우리는 이 문제를 아주 깊이 있게 받아들여, 지금까지 이미 검토되었거나 설명된 몇 가지 원리와 비교해 보아야 한다.

우리는 공감의 본성과 그 위력을 새롭게 살펴봄으로써 시작할 수도 있을 것이다. 모든 사람의 정신은 그 느낌이나 작용에서 유사하며, 다른 사람이 어느 정도 느낄 수 없는 감정 때문에 행동하게 되는 사람은 있을 수 없다. 현(絃)들이 똑같이 울릴 때, 한 현의 운동이 다른 현에 전달되는 것처럼 모든 감정들은 어떤 사람에서 다른 사람으로 쉽게 옮겨 가며, 모든 인간 존재 각각에게 각 감정에 걸맞은 운동을 일으킨다.

내가 사람의 목소리와 몸짓에서 정념의 결과를 지각할 때, 나의 정신은 곧장 이 결과에서 그 원인으로 옮겨 가서 당장 그 정념 자체로 전환될 정도로 그 정념에 대해 생생한 관념을 형성한다. 마찬가지로 내가 어떤 정서의 원인을 지각할 때, 정신은 그 결과로 옮겨져서 그 결과로 인해 기동된다.

내가 아주 무시무시한 외과 수술에 참여한다면, 수술 시작 전이라고 하더라도 수술 도구를 준비하고, 붕대를 정돈하며, 철제 기구를 열로 소독하는 것 등은 환자 및 그 보호자의 불안과 염려 따위에 대한 모든 징표와 함께 나의 정신에 중대한 영향력을 끼치며, 연민과 공포에 대한 가장 강한 소감을 유발할 것이다. 그 밖의 어떤 정념도 정신에 직접적으로 드러나지 않는다. 정신은 정념의 원인이나 결과만 감지할 뿐이다. 우리는 이 원인이나 결과로부터 정념을 추정하며, 결과적으로 이 원인이나 결과가 우리의 공감을 유발한다.(pp. 574-576)

제2절 정신의 위대함에 관하여

그러나 우리 자신의 가치에 대한 지나친 자부심이 부덕하고 언짢다고 하더라도, 우리가 값진 성질을 실제로 가졌을 경우에 우리 자신을 아끼는 것보다 칭찬 받을 수 있는 것도 없다. 우리 자신이 지닌 어떤 성질의 유용성과 장점은 다른 사람에 대해 호의적으로 비칠 뿐만 아니라 덕의 원천이기도 하다. 그리고 삶의 태도에서 우리에게 가장 유용한 것이 합당한 정도의 긍지임은 확실한데, 이런 긍지 때문에 우리는 우리 자신의 가치를 감지할 수 있고, 우리의 모든 기획과 모험을 확신하고 안심한다. 어떤 사람이 타고난 역량이 무엇이든 그 사람이 그 역량과 친숙하지 않고 그 역량에 적합한 복안을 형성하지 않는다면, 그 역량도 그 사람에게 전혀 쓸모없다.

어떤 경우든 우리 자신의 힘을 아는 것이 필요하다. 그리고 어느 측면에서든 실수가 허용될 수 있다면, 우리 가치의 관념을 정당한 기준에 못 미치게 형성하는 것보다는 우리 가치를 과대평가하는 것이 더욱 유리할 것이다. 운명은 대체로 대담하고 진취적인 것에 호의적이다. 그리고 우리 자신에 대한 좋은 의견만큼이나 우리를 대담하도록 만드는 것도 없다.

덧붙여서, 비록 긍지와 자화자찬이 이따금 다른 사람에게 언짢다고 하더라도, 우리 자신에게는 늘 호의적이다. 한편으로 겸손은 그것을 주목하는 만인에게 쾌락을 준다고 하더라

도, 겸손을 간직한 사람 자신에게는 거북함을 낳을 때가 흔하
다. 그런데 지금까지 살펴보았듯이, 우리 자신의 감각은 어
떤 성질의 부덕과 덕을 결정할 뿐만 아니라, 그 성질이 다른
사람에게 유발할 수 있는 감각도 결정한다.

따라서 자기만족과 허영심은 인정될 수 있을 뿐만 아니라
어떤 성격에는 필수적이다. 그렇지만 훌륭한 교양과 품위를
갖추려면 우리가 자기만족과 허영심 등의 정념을 직접적으
로 드러내는 경향이 있는 기색과 어투를 삼가야 한다는 것은
확실하다. 우리는 모두 우리 자신에 대해 놀라운 편파성을
가지고 있다. 그리고 바로 이런 점에서 우리가 언제나 우리
소감을 자유롭게 표출하게 된다면, 아마 서로가 서로에 대해
가장 큰 분노를 일으킬 것이다. 이 경우에 우리는 서로에 대
해 아주 언짢은 비교의 주체로서 직접적으로 존재할 뿐만 아
니라, 우리의 판단이 서로 상반되기 때문이다.

그러므로 우리가 사회에서 소유권을 보장하고, 개인의 자
기이익에 반하는 것을 막기 위해 자연법을 정립하는 것과 마
찬가지 방식으로, 인간의 긍지에 반하는 것을 막고 서로에게
호의적이고 거슬리지 않는 대화를 위해 우리는 훌륭한 교양
의 규칙(rules of good-breeding)을 정립한다. 사람이 자기 자
신에 대해 지나친 자부심을 갖는 것보다 언짢은 것도 없다.
거의 모든 사람이 각자 이런 부덕의 성향을 강하게 가지고

있으며, 자기 자신 안에서 이런 부덕과 덕을 능히 식별할 수 있는 사람은 아무도 없거나, 자신의 가치에 대한 자신의 평가가 충분한 근거를 갖는다고 확신할 수 있는 사람도 전혀 없다.

이런 까닭으로 이 정념을 완전히 직접 표현하는 것은 모두 질책 받는다. 우리는 이 규칙에서 식견 있고 가치 있는 사람을 위한 어떤 예외도 두지 않는다. 그런 사람도 다른 사람과 마찬가지로 자신의 진가를 말로 드러내는 것은 용인되지 않는다. 그리고 설령 그런 사람은 자기 자신이 생각한 자신의 진가를 드러내면서 유보적이고 은밀한 불확실성을 보이더라도, 그는 더욱더 찬사를 받을 것이다. 자신을 과대평가하는 사람들이 갖는 주제넘지만 거의 보편적인 성향 때문에 우리는 우리가 자화자찬을 접하는 경우에는 언제든지 일반 규칙을 통해 그것을 책망하기 쉬운 선입견을 갖게 되었다.

그리고 그가 아무리 은밀하게 자신에 대한 과대평가를 생각하는 경우라고 할지라도 우리는 그런 사람을 면책한다. 적어도 이런 점에서 자부심을 어느 정도 숨기는 것이 절대적으로 필요하다. 그리고 만일 우리가 가슴에 긍지를 품고 있다면, 우리는 당당히 외부로 드러내어야 하고, 우리의 행동 양식과 행태에서 겸손과 상호 존중 등의 기색을 가져야 한다는 점도 인정되어야 한다.

어떤 경우든 우리는 우리 자신의 것보다 다른 사람의 것을 선호할 준비가 되어 있어야 한다. 그리고 다른 사람들이 우리와 대등하다고 하더라도, 우리는 그들을 일종의 존중하는 마음으로 대할 준비가 되어 있어야 한다. 그리고 우리는 다른 사람들보다 아주 돋보이지 않는 경우라면, 언제나 그 모임에서 가장 낮고 왜소하게 여겨지도록 준비되어 있어야 한다. 그리고 우리가 행동 양식에서 이 규칙을 준수한다면, 우리가 우리의 소감을 우회적 방식으로 밝히는 경우에 사람들은 더욱 관대할 것이다.

세상사를 숙지하고 사람들의 내면을 꿰뚫을 수 있는 사람이라면, 우리가 훌륭한 교양과 품위를 갖추기 위해 필요한 소심(humility)이 외면을 능가한다고 주장하거나, 이런 점에서 성실한 것이 우리 의무라고 주장할 사람은 아무도 없다. 이와 반대로 우리가 주목하듯이, 참되고 왕성한 긍지, 즉 자부심은 우리가 그것을 잘 숨기고 그 근거가 충분하다면 명예로운 인간의 성격에는 본질적이며, 그리고 인류의 부러움과 찬동을 얻는 데 가장 절대적으로 필요한 인간의 성질이다. 습관이 인간의 상이한 계급에 따라 서로에게 요구하는 어떤 존중과 상호 복종이 있다. 그리고 이런 점에서 도가 지나친 사람은 비록 이익 때문에 도가 지나쳤다고 하더라도, 누구나 비열하다고 비난받는다. 그리고 무지 때문에 도가 지나쳤다면 단순하다고 비난받는다.

그러므로 출생이나 운명 또는 직업이나 재능 또는 평판 중 어떤 것에 의해 우리의 계급과 입장이 확정되든지, 우리는 그 세계에서 우리의 계급과 입장을 알아야 한다. 그리고 그 계급에 맞게 소감과 긍지의 정념을 느껴야 하며, 그에 따라서 우리의 행동을 조절해야 한다. 바로 이런 점에서 긍지에 기반하지 않는 신중함이더라도 우리의 행동을 조절하기에는 충분하다고 말할지도 모르지만, 나는 다음과 같은 점을 주목할 것이다. 우선 여기서 신중함의 대상은 우리의 행동을 일반 관례 및 습관과 부합시키는 것이다. 또 사람들이 일반적으로 긍지를 느끼고, 그리고 긍지라는 정념의 근거가 충실한 경우에 이 정념은 일반적으로 찬동을 받는데, 만일 그렇지 않다면 우월성에 대한 묵시적인 분위기는 습관을 통해 정립될 수 없고 권위를 부여받을 수도 없다.(pp. 596-599)

무례한 사례나, 긍지와 오만의 표정을 우리는 못마땅하게 여긴다. 그 까닭은 단지 그런 것이 우리 자신의 긍지에 충격을 주고, 또 공감을 통해서 우리가 그런 것 때문에 비교하게 되기 때문이다. 이때 비교는 소심이라는 언짢은 정념을 낳는 원인이다. 그런데 이런 종류의 오만은 우리 자신에 대해 언제나 예의 바른 사람의 경우라도 비난받으며, 특히 역사를 통해 우리에게 이름이 알려진 사람의 경우는 말할 것도 없다.

따라서 우리의 거부는 다른 사람과의 공감과 반성에서 비롯되고, 이런 오만과 같은 성격은 그 성격을 가진 사람과 대화하거나 교류하는 모든 사람에게 아주 못마땅하고 밉살스럽다. 우리는 그들의 거북함을 이 사람들과 공감한다. 그리고 그들의 거북함은 자신들에게 무례한 사람과의 공감에서 부분적으로 유래하므로, 우리는 여기서 공감의 이중적 반동(double rebound)을 주목할 수도 있을 것이다.(pp. 601-602)

제3절 선과 자비에 관하여

대체로 관용, 박애, 연민, 감사, 우정, 성실, 열성, 청렴, 공평무사 따위에 속하는 것으로 생각하는 가치에 대해, 그리고 선과 자비 등의 성격을 형성하는 그 밖의 모든 성질에 대해 우리는 이 원리들을 근거로 쉽게 해명할 수 있을 것이다. 상냥한 정념들을 향한 성향 때문에 인간은 삶의 모든 부분에 대해 호의적이고 유익하게 된다. 그리고 이 성향은 인간의 다른 모든 성질들에 대해 정당한 방향을 제시하는데, 그렇지 않았더라면 이 성질들은 사회에 해악이 될 수도 있을 것이다.

자비를 통해 조절되지 않는 용기와 야망은 폭군과 공적(公賊)이 되기에 적합할 뿐이다. 판단력이나 재능 및 이와 같은 종류의 다른 성질들도 마찬가지이다. 이런 정념들은 그 자체로는 사회의 이익에 대해 무차별적이지만, 정념들이 지시하

는 데에 따라서 인류의 복리나 곤경을 향한 경향을 갖는
다.(pp. 603-604)

제4절 자연적 역량에 관하여

우리가 자연적 역량에 덕이라는 칭호를 허용하지 않더라
도 우리가 인정할 수밖에 없는 것은, 자연적 역량이 인류의
사랑과 부러움을 초래하고 그 밖의 덕에 새로운 광채를 더한
다는 점과, 자연적 역량을 가진 사람은 그 역량을 전혀 갖지
못한 사람보다 우리의 호의와 봉사를 더 많이 받을 자격이 있
다는 점 등이다. 자연적 역량이 열등하다는 점은 제쳐두더라
도, 자연적 역량이라는 성질들이 산출하는 찬동의 소감 역시
그 밖의 덕에 수반되는 찬동의 소감과 다소 다르다는 점을 주
장하는 사람도 있을 법하다. 그러나 내 의견으로는, 이런 주
장은 덕의 목록에서 자연적 역량을 배제하는 데 대한 충분한
이유가 아니다. 각각의 덕은, 자비, 정의, 감사, 성실 등과 같
은 덕조차 관찰자에게 상이한 소감 또는 느낌을 유발한다.

살류스트(Sallust)가 묘사한 카이사르와 카토(Cato) 등의 성
격은 가장 엄밀한 문자적 의미에서 모두 유덕하지만, 그 방식
은 다르다. 이 두 성격에서 발생한 소감들 가운데 전적으로 동
일한 것은 아무것도 없다. 전자는 사랑을 산출하고, 후자는 부
러움을 산출한다. 전자는 친근하지만, 후자는 외경스럽다. 우

리는 친구에게서 전자의 성격을 만나고 싶어 할 수 있을 것이고, 우리 자신에게서는 후자의 성격을 열망할 수 있을 법하다.

마찬가지로 자연적 역량에 수반되는 찬동은 그 밖의 덕에서 발생하는 찬동과, 서로 다른 종류를 형성하지는 않더라도, 그 느낌이 다소 차이가 있을 수 있다. 그리고 실제로 우리가 주목하듯이, 자연적 역량도 그 밖의 덕보다 나을 것 없이 둘 다 동일한 종류의 찬동을 산출하지 않는다. 건전한 분별력과 타고난 재능은 부러움의 원인이고, 재치와 해학은 사랑을 낳는다.(pp. 607-608)

제5절 자연적 덕에 대한 몇 가지 반성을 덧붙이며

지금까지 정념을 다루며 살펴보았듯이, 긍지와 소심, 사랑과 증오는 정신이나 신체 또는 재산의 장단점 때문에 발생한다. 그리고 이 장단점이 그와 같은 결과를 갖는 것은 고통과 쾌락을 산출하기 때문이다. 정신의 어떤 작용이나 성질을 일반적으로 조망하거나 검토하는 데에서 발생하는 고통이나 쾌락은 정신의 부덕과 덕을 구성하며, 우리의 찬동이나 비난을 유발하는데, 이 찬동이나 비난은 더욱 희미하거나 지각하기 힘든 사랑이나 증오일 뿐이다.

우리는 이 고통과 쾌락의 네 가지 상이한 원천을 지적했으며, 이 가설을 더욱 충분히 정당화하기 위해 여기서 다음과 같은 점을 주목하는 것이 적절할 것 같다. 즉 신체와 재산의 장단점은 실제로 동일한 원리들로부터 고통이나 쾌락을 산출한다. 어떤 대상을 소유한 사람이나 다른 사람에 대해 그 대상이 갖는 유용한 경향과, 그 사람이나 다른 사람에 대해 그 대상이 쾌락을 전하는 경향 등, 이 모든 여건은 그 대상을 고려하는 사람에게 간접적인 쾌락을 전하며, 그 사람의 사랑과 찬동을 자아낸다.(p. 614)

제6절 이 책의 결론

대부분의 사람들은 정신의 유용한 성질이 그 유용성 때문에 모두 유덕하다는 점을 쉽게 인정할 것이다. 이런 사고방식은 그것을 인정하는 데 주저할 사람이 거의 없을 정도로 아주 자연스럽고 아주 많은 경우에 발생한다. 이제 이런 사고방식이 일단 용인되므로, 공감의 힘도 필연적으로 인정되어야 한다. 덕은 목적을 위한 수단으로 간주된다. 목적을 위한 수단은 목적이 존중되는 한에 있어서 존중될 뿐이다. 그러나 낯선 사람의 행복은 오직 공감을 통해 우리에게 영향을 끼친다. 사회나 소유 당사자에게 유용한 모든 덕을 바라봄으로써 발생하는 찬동의 소감은 우리의 공감을 통해 발생한다. 이런 것이 도덕성의 주요 부분을 형성한다.(pp. 618-619)

우리가 덕의 존엄성과 아울러 행복에 대해 정확하게 아는 데는 바로 이 체계의 도움이 필요할 것 같다. 또 이 고귀한 성질을 우리가 받아들이고 신봉할 경우에 이 체계는 우리 본성의 모든 원리에 흥미를 가질 수도 있을 것이다. 사람이 지식과 모든 종류의 능력을 추구하는 과정에서 습득하는 것의 직접적 결과인 장점은 제쳐 두고라도, 인류가 보기에는 이런 습득물이 자신에게 새로운 영예를 안겨 주며, 부러움과 찬동을 보편적으로 수반한다는 점을 염두에 두는 사람이라면, 어느 누가 지식과 모든 종류의 능력을 추구하는 과정에서 민활성이 증대됨을 실제로 느끼지 못하는가?

다른 사람에 대한 자신의 성격뿐만 아니라 자신의 평화와 내면적 만족은 자신이 사회적 덕을 엄격히 준수하는 데에 좌우된다는 점을 염두에 두는 사람이라면, 그리고 인류와 사회에 대해 지금까지 그 역할이 결여되어 있는 정신의 자기 성찰을 결코 정신이 떠맡을 수 없다는 점을 염두에 두는 사람이라면, 누가 재산의 장점이 사회적 덕을 거의 이행한 데 대한 충분한 보상이라고 생각할 수 있겠는가?

그러나 나는 이 주제를 더 이상 다루지 않겠다. 그와 같은 고찰에는 이 책의 특성과 전혀 다른 별도의 책이 한 권 필요하다. 해부학자는 화가와 경쟁해서는 안 된다. 해부학자는 인간 신체의 보다 작은 요소들을 분석하고 묘사하면서, 자신이 그려낸 것에 대해 우아하고 매력적인 태도나 어투를 주제넘게 나타내어서는 안 된다. 해부학자가 제출한 사물에 대한 견해에는 끔찍하거나 아주 사소한 것도 있다. 눈과 상상력에 띄도록 하기 위해서는 그 대상들을 일정한 거리 밖에 두고 일상적 시각으로부터 보호해야 할 필요가 있다.

그렇지만 해부학자는 화가에게 조언을 하기에 감탄스러울 만큼 안성맞춤이다. 그리고 해부학자의 도움이 없다면 화가의 기술이 빼어나게 되는 것은 실현 불가능하다. 우리는 우아하고 알맞게 구상하기에 앞서, 부분들과 부분들의 상황 및 그 연관을 반드시 정확히 알아야 한다. 따라서 인간 본성에 관한 가장 추상적인 사변은 아무리 차갑고 무미건조하더라도 실천적 도덕성에 기여하게 되며, 또 실천적 도덕성에 관한 학문을 실천 법칙에 더욱더 알맞도록 하며, 충고에서는 더욱 설득력을 갖도록 한다.(pp. 620-621)

3부 David Hume
관련서 및 연보

비록 『인간 본성에 관한 논고』가 흄의 삶의 걸림돌이었지만 『영국사』는 흄이 삶을 마감한 뒤에도 거의 100년간 역사서로서 권위를 누렸다. 그리고 당시 혹평의 대상이었던 『인간 본성에 관한 논고』에 대한 오늘날 철학계의 평가를 감안하면, 그는 학자로서 자신의 위대한 꿈을 누구보다 성공적으로 이루었다.

관련서

『인간 본성에 관한 논고』

흄의 『인간 본성에 관한 논고』는 필자가 원본의 출간 형태를 따라 제1권 『오성에 관하여』(1994), 제2권 『정념에 관하여』(1996), 『도덕에 관하여』(1998) 등으로 번역하여 서광사에서 출간했다. 이 번역본은 Theodor Lipps의 독역본인 *Ein Traktat über die menschliche Natur*(Bd., II. Hamburg: Felix Meiner Verlag, 1978)의 번역과 주석을 참고했고, Nidditch의 자구에 대한 주석은 모두 해당 부분에 각주로 반영했다. 그리고 1740년 흄이 익명으로 간행했던 『인간 본성에 관한 논고라는 이름으로 최근 간행된 어떤 책에 대한 초록』은 『정념에 관하여』 끝에 번역되어 있으며, 색인 번역은 각권 말미에 포함되어 있다.

그 밖에 아주 오래 전에 대양서적에서 전집으로 번역하여 출간
했던 『인성론』은 완역본이 아니다. 그나마도 아주 오래 전에
절판되었다.

최희봉, 『흄』, 이룸, 2004.

이 책은 흄의 과제를 '인간 본성 탐구로서의 인간학'을 확립하
는 데 있는 것으로 보며, 인간 본성에 관한 귀납적 실험적 학문
으로서의 철학을 추구한 인문학자로서의 흄을 말한다. 저자는
이러한 탐구를 통하여 흄의 철학은 단지 회의주의에 그치는 것
이 아니라, 인간은 근본적으로 이성적 존재라기보다는 감각적
이고 실천적인 감성의 동물이라는 인간학적 논제를 포함하고
있음을 밝힌다.

최희봉, 『흄의 철학』, 자작아카데미, 1996.

이 책은 흄을 회의주의자로 보는 부정적 해석과 논리 경험주의
의 선구자로 보는 편중된 해석에 반대하여, 흄 철학의 중심을
'인간학'에 두고, 흄을 인과성, 물리적 대상, 자아, 도덕적 관념
과 같은 근본 신념들을 정당화함에 있어 반토대론적, 자연주의
적 입장을 취한 선구적 인식론자로 해석한 전문 연구서이다.

A. 플류, 『흄』, 최희봉 역, 지성의 샘, 1996.

이 책은 오코너(D. J. O'conner)가 편집한 『비판적 서양 철학사』
에 실린 흄에 관한 장(15장)을 번역한 것이다. 원저자인 플류는
흄을 기본적으로 영국 경험론의 전통을 이어받아 이를 철저히
밀고 나가 회의적 결론에 이른 철학자로 해석한다. 그럼에도
불구하고 원저자는 흄을 20세기 영미 철학의 주류가 된 논리
적·분석적 탐구의 대상과 방법을 예시한, 현대 논리 경험주의
의 선구자로 높이 평가한다.

Campbell Mossner, *The Life of David Hume*, Oxford
University Press, 1954.

이 책은 흄의 전기를 자세히 서술했다.

Norman Kemp Smith, *The Philosophy of David
Hume*, Macmillan, 1949.

이 책은 철학사에서 처음으로 흄을 회의주의자가 아니라 자연
주의자로 해석했다. 흄의 철학 사상을 제대로 이해하는 데 큰
도움이 될 것이다.

David Hume: Critical Assessments, ed. by Stanley
Tweyman, Routledge, 1994.

흄 철학 사상에 관련된 신뢰할 만한 논문 모음집이다.

W. Waxman, *Hume's theory of consciousness* (Cambridge University Press, 1994)와 N. Capaldi, *David Hume: The Newtonian Philosopher*(Twayne, 1975)

흄의 철학 사상에서 회의주의와 자연주의의 관계를 파악하는 데 중요한 참고문헌이다.

I. Singer, "Hume's Extreme Skepticism in Treatise 7", *Canadian Journal of Philosophy*, Vol.25, 1995.

비록 한 편의 논문이지만, 흄의 논의 과정에서 회의주의의 기능을 이해하는 데 상당한 도움이 될 것이다.

그 밖에 Hume Society에서 매년 2회 발행하는 *Hume Studies*가 있는데, 최근의 연구 동향을 파악하는 데 도움이 될 것이다. Hume Society는 인터넷으로 접속할 수 있다.

흄 연보

1711년 4월 24일 스코틀랜드 에든버러에서 법률가 집안인 부모 사이에서 흄 출생.

1723년 에든버러 대학 입학, 3년간 법학 공부.

1734~1737년 프랑스에 체류하며, 『인간 본성에 관한 논고』 집필.

1739년 『인간 본성에 관한 논고』 제1권 『오성에 관하여』와 제2권 『정념에 관하여』를 익명으로 출간.

1740년 『인간 본성에 관한 논고』 제3권 『도덕에 관하여』와 『인간 본성에 관한 논고라는 이름으로 최근에 간행된 책에 대한 초록』을 익명으로 출간.

1741~1742년 『도덕과 정치에 관한 소고』 출간.

1744년 무신론자라는 이유로 에든버러 대학 교수 임용에 탈락.

그러나 참된 회의주의자를 자처하는 흄 스스로는 무신론자가 아니라 참된 기독교인이라고 함.

1748년『인간 오성에 관한 철학적 탐구』『자연적 성격과 근원적 계약 및 수동적 복종 등 세 가지 소고』등 출간.

1748~1749년 빈과 토리스에서 궁정사절로 활동.

1751년 『도덕의 원리에 관한 탐구』출간. 무신론자라는 이유로 글래스고대학 교수 임용에 탈락.

1752년 『정치학적 담론』출간, 에든버러 변호사 도서관에서 취업.

1754~1762년 『케사르의 침입부터 1688년 혁명에 이르기까지의 영국사』6권 출간.

1757년 『종교의 자연사, 정념, 비극, 취미의 기준 등 네 가지 논문』출간.

1763년 프랑스 주재 영국대사 비서관.

1767~1769년 국무차관.

1769년 에든버러로 귀향.

1776년 8월 25일 흄의 몸을 구성하는 요소들은 간 질환으로 해체.

1777년 아담 스미스가 흄이 자전적 에세이로 남긴 유고를『데이비드 흄의 삶』이라는 이름으로 출간. 이 책은 훗날『나 자신의 삶』이라는 이름으로 간행되었다.

1779년 아담 스미스에게 맡겼던 유고『자연 종교에 관한 대화』출간.

데이비드 흄 인간 본성에 관한 논고

펴낸날	**초판 1쇄 2005년 9월 30일**
	초판 5쇄 2024년 12월 1일

지은이	**이준호**
펴낸이	**심만수**
펴낸곳	**(주)살림출판사**
출판등록	**1989년 11월 1일 제9-210호**

주소	**경기도 파주시 광인사길 30**
전화	**031-955-1350** 팩스 **031-624-1356**
홈페이지	http://www.sallimbooks.com
이메일	book@sallimbooks.com

ISBN	89-522-0437-0	04080
ISBN	89-522-0314-4	04080 (세트)

※ 값은 뒤표지에 있습니다.
※ 잘못 만들어진 책은 구입하신 서점에서 바꾸어 드립니다.